解除青春心理障碍

——北京市陈经纶中学高中心理教育实例

闵敏　著

中国林业出版社

图书在版编目（CIP）数据

解除青春心理障碍：北京市陈经纶中学高中心理教育实例 / 闵敏著. -- 北京：中国林业出版社, 2017.6

ISBN 978-7-5038-9176-2

Ⅰ. ①解… Ⅱ. ①闵… Ⅲ. ①心理健康—健康教育—高中—教学参考资料 Ⅳ. ①G444

中国版本图书馆CIP数据核字(2017)第224720号

责任编辑　刘开运　张　健
出　　版　中国林业出版社（100009 北京市西城区刘海胡同7号）
E-mail　Lucky70021@sina.com
电　　话　(010) 83143520　13901070021
印　　刷　固安县京平诚乾印刷有限公司
发　　行　中国林业出版社
版　　次　2018年10月第1版第1次
开　　本　787mm×1092mm　1/20
印　　张　14
字　　数　260千字
定　　价　48.00元

《解除青春心理障碍——北京市陈经纶中学高中心理教育实例》

编委会

主　任：张德庆　俞国良

副主任：张　静　牟成梅　于永强

编　委：张　晔　陈江华　王小平　田　超　陈　旭

执　笔：闵　敏

序

PREFACE

学生是学校教育的主体，陈经纶中学以学生的全面发展为培养目标，为实现学生的健康成长设计有效的德育，心理教育是我们不断努力探究的新德育工作平台。

陈经纶中学校园里的集体活动，是落实心理健康教育的有效平台。集体活动不仅是学校教育的重要组成部分，也是学生学习、生活的主要场所。学生在集体活动中，建立共同的目标，相互协作、一起进步，把个人充分地融入到集体中来。同时以集体为平台，带给学生的不仅是心灵的触动，更是持久、稳定、平衡的成长环境，学生的心理素养在其中得到维持、强化和延续。陈经纶中学心理健康教育在集体的平台上，根据学生的心理素质，挖掘潜能，结合不同学段、时段的任务和要求，开展有针对性的活动，促进自我提高，保持健康的心理，养成健全的人格。

正面的心理健康教育活动构建起陈经纶中学有效的德育氛围，对学生产生了很强的教育辐射，使学生感受到满满的心理健康教育。本书是在陈经纶中学践行心理健康教育的基础上，结合实践内容不断思考、探索和再实践的缩影。书中真实记录了我校开展心理活动的一些思考和片段，展示了我校的心理教育立足于集体，源于学生内心，基于有效的活动，触动学生心理，引导学生思考，点拨学生行为，促进学生成长的系统内容。书中以案例方式呈现了 10 节心理班会，在班级中开展教育活动，加强班级凝聚力；9 次心理活动，让学生的个性、兴趣、才能等得到展现；4 次校外实践活动，让学生用自己的眼睛看世界，从中获得知识、开阔视野、增强思考力等，较为全面地呈现了我校心理教育的特点。

心理健康教育已经在陈经纶中学的日常工作中占据了一席之地。心理健康教育已与学校管理工作、教学工作、德育工作等，同步实施，相互配合，共同推进。立足在集体平台上的心理健康教育，让教师、学生、家长、社会合为一体，汇聚成一股巨大的教育合力，为学生的身心健康发展构建了一个立体化的空间。在这个架构上，充分实现了学生才艺展示多样化，发展方向多元化，成长的轨迹个性化，真正做到：为每个学生的全面发展提供最适合的教育，为每个学生的健康成长提供最有保障的教育，为每个学生的个性培养提供最有特色的教育。

北京市陈经纶中学校长：张德庆

2017 年 6 月于北京市陈经纶中学

创造人生的可能性

——自主心育，爱满经纶

关怀备至育心花，
爱满经纶诚信达。
成者自古多磨难，
长心育智显才华。

——于永强
北京市陈经纶中学高中部书记

前言

FOREWORD

北京市陈经纶中学始建于1921年，2002年被批准为北京市首批示范性普通高中，2011年获得全国文明单位的称号，是目前朝阳区办学规模最大的市级示范校，“老实、宜强、勤奋、创新”是陈经纶中学逐渐沉淀下来的八字校训，“建设个性化学校，成就个性化教师，培养个性化学生”是陈经纶中学的办学理念。

长期以来，陈经纶中学坚持贯彻《国家中长期教育改革和发展规划纲要（2010~2020年）》、教育部《中小学心理健康教育指导纲要》和《北京市中小学和职业学校心理教育工作纲要》等文件精神，认真做好心理教育工作。2003年陈经纶中学设立了心理咨询室，开始关注学生心理；2006年学校聘请心理教师，由专职教师负责心理课程；2009年，生涯教育进入陈经纶中学；2015年，学校将生涯教育与积极心理学结合起来；2016年“健康与幸福”教育进入学生课堂。

近十几年的发展，陈经纶中学心理健康教育以“面向全体、兼顾个体、关注高危”为指导思想，建立“四情四优”学生为发展目标，积极发挥学生的自主性，建立了一系列适合高中生特点的心理课程及活动，得到了学生和社会的认可和支持。2015年学校被授予朝阳区“心理健康教育特色学校”的称号。

好的人生，是一个过程，而不是一个状态；它是一个方向，而不是终点。

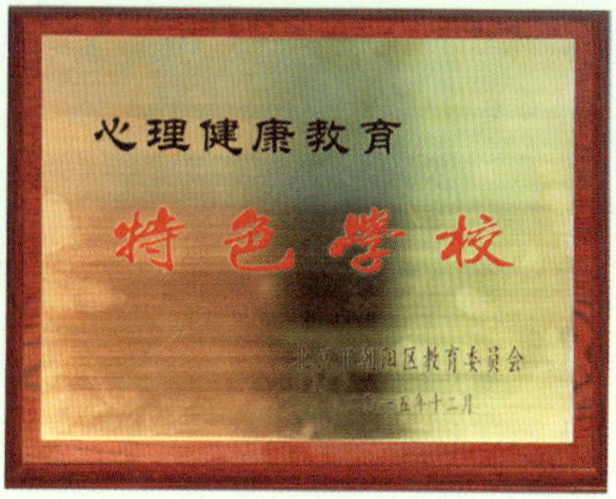

高一阶段，学生来到新的学校、新的班级，希望融入新环境，但心理上又感到害怕和焦虑；学业上，科目从 4 门提升到 9 门，知识量增大，难度增加，压力增多。同时陈经纶中学为北京市重点学校，进入经纶高中的学生，成绩优异，校园中处处是精英。大部分学生易产生心理落差，出现适应困难。让学生心态平稳地接受初高中过渡期，学会适应高中生活，给自己肯定和自信，是这段时间心理工作的重点。

高二阶段，文理分科，班级重组，学习上，出现偏科、两极分化等现象，学习好的同学越学越有劲，学习受挫的同学越来越泄气。校园活动上，高二学生参与增多，并成为活动的主力；人际交往上，同学间更加熟悉，形成自己的朋友圈，异性、同性交往增多。这个阶段学生需要如何安排学习和生活、正确处理人际关系上的指导。

高三阶段，高考临近，学习压力大，学生心理负荷增加，情绪上产生焦虑、浮躁，易激动的情况，甚至出现失眠、厌食、厌学等反应。生活单一，缺少交流和交往，自我压抑感增强。这时需要给学生减压、鼓励、提升自信等，让学生明确目标，稳步向前。

北京市陈经纶中学心理教育针对各阶段学生的情况，从心理班会、体验式活动、社会实践三个方面，展现了心理教育中学生自主发展的积极画卷。

目录

CONTENTS

高中心理班会案例

高中心理活动案例

高中校外寒暑假生涯实践活动

高中心理班会案例

学生班会主持

心理班会现场

心理班会

心理班会是指运用心理健康教育的理论和理念，以学生的心理需要为活动内容，以心理感受和心理体验为核心，以心理发展和成长为归宿的班会活动。

每周二下午第三节课是陈经纶中学的班会时间，大家一起讨论班级事件，一起分享成长的快乐！

心理班会与传统班会的区别？

1 选题不同

心理班会以学生常见的心理问题和不同年龄阶段学生的心理特点为主体。传统班会选材广泛。

2 氛围不同

心理班会氛围宽松、自由、保护、支持。传统班会有引导倾向。

3 目的不同

心理班会以心理自助为主，引导学生找到解决问题的方法，不涉及道德评判，学生畅所欲言。传统班会有道德、思想的引导性。

4 形式不同

心理班会通过团体辅导、心理剧、心理游戏等形式，重视学生在班会中的体验，并对体验进行概括、总结和分析。传统班会通过理论阐述、文娱表演、参观访问等形式，强调对学生的思想教育意义。

案例 1

如何帮助新生打破陌生感？

高一学生刚进入高中阶段，面对新环境、新同学，心理上有陌生感、好奇心，希望认识彼此、了解彼此。面对未来的高中学习，他们将在学习、同学关系上接受挑战，心理上需要做好适应的准备。

一、班会设计

1 适合对象：

高一年级学生。

2 活动时间：

开学初。

3 班会目标：

① 彼此认识，建立和谐的班级氛围。
② 认识高中生活，为未来做好准备。
③ 树立适合自己的目标和方向。

4 班会重点和难点：

重点：让学生写出真实的想法，建立信任的氛围。
难点：帮助学生设想未来的目标和方向。

5 班会前期准备：

信封（每人一个）、A4 纸（每人一张）。

6 班会形式：

分享＋讨论。

7 班会内容拆分：

① 导入；② 主题活动：我的生命线；③ 总结；④ 学生反馈；⑤ 班会反思。

二、班会实施

（一）导入

主持词：

展开一封信笺，书写荣耀过去；

展开一封信笺，面对彷徨现在；

展开一封信笺，展望辉煌未来。

老师们、同学们大家好，欢迎参加“展望未来，SHOW 我风采”主题班会，我们将通过这次班会活动来认识彼此，了解彼此，现在请将你们的目光聚焦在屏幕上。

前后左右 6 人一组，进行自我介绍，要求是：

1 介绍让自己最满意的外貌，不少于 1 个，比如，大大的眼睛、高高的个子等。

2 介绍自己的 3 个内在特点，比如，性格、兴趣爱好、特长等。

3 介绍不能重复，最后每组选一位印象最深刻的同学，向全班做介绍。

这些介绍，展现了一个个生动活泼的人物形象，特别接地气，班级中笑声不断。

学生发言

我的耳朵我很满意，非常饱满；我的手很小很秀气；我有三根金头发……

我曾经动过口腔手术，我觉得最安全的地方是厨房，我的性格反复无常，我曾连睡24小时没有吃饭……

（二）主题活动：我的生命线

同学们的叙述让我们从多个方面认识了彼此。这是我眼中的自己，是我对自己的观察和总结。现在我们已进入高中阶段，你是怎么来到这里的，经历过什么事情，对于未来，有什么憧憬、盼望，请回顾自己过去的经历，展望自己未来的历程，书写“我的生命线”。

请每人拿一张 A4 纸完成以下步骤。

1

在白纸中间的位置，从左至右画一道横线，并给这条线加上一个箭头，让它成为一条有方向的线写上“年龄”2 个字。这条线，代表你的生命线，线的起点代表出生 0 岁，终点代表你预想的寿命年龄，请写下你希望的年龄，然后找到代表现在年龄的位置，写下你的年龄。

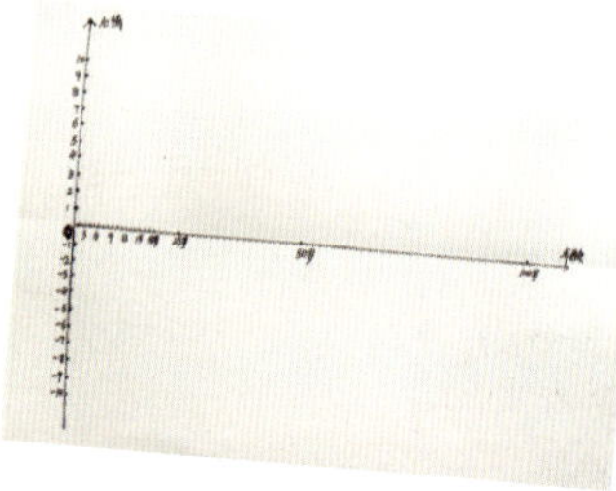

2

在生命线的起点画一条纵线写上“心情”2 个字，在生命线以上的部分，依次标上 0~10，表示快乐的程度，0 表示平静，10 表示非常高兴；生命线以下的部分为 −10~0，表示难过或悲伤的程度，−10 表示非常悲伤、难过。

（主持人观察同学们的进度，适当把控时间，差不多 90% 的同学画完之后可以念下面的词。）

3

画好以后，请想想从出生到现在，从 0 岁到 16 岁，发生了哪些重要事件。请按着时间的顺序，一个时间段一个时间段地缕出来，比如 6 岁印象深刻的是自己和小伙伴一起在院子里玩耍，心情指数 8，就在相应位置写上这件事，标出这个点……通过回顾过去的经历，体会当时的心情。如果是高兴的事情，写在生命线的上面，并找到相应的时间和程度，如果是难过的事情写在生命线的下面，并找到相应的时间和程度。详细想想当时发生了什么，可以这样写：我遇到了……（事），当时我感受到……（情绪），我希望……（别人怎么做）。时间 15 分钟。

4

写好后可以跟周围同学交流一个你愿意分享的事件，说说自己的经历，当时的心情，以及如何度过的，体会自己的成长。

很多同学都写了自己高兴的事和难过的事，时光荏苒，当时的事情带给现在的自己哪些感受。

请把这些感受放在心里，感谢自己，即使当时有多么的不容易，它们带给你多少的困难，你以为自己会受不了，但你还是承受下来了，你还是选择了面对，你还度过了那一段时间；感谢自己，告诉自己，我已经在用最好的方法来面对了，因为当时如果能想到更好的办法，我一定会选择更好的办法；而当时我没有更好的办法，所以选择了这个，也许结果不尽如人意，但别的方法还不如它，这就是当时最好的结果了。最后感谢这段时间，这段困难，让你成长了，也看到了自己的能力。在今后，我们还会遇到很多困难，还会遇到很多事情，但告诉自己，我能面对，我可以承受，因为人生就是这么走过来的，我就是这样成长的。

希望每个人都能给予过去的自己积极的肯定和最伟大的赞美，无论过去的你是青涩，是成熟，是幼稚，还是深沉，所有的一切都将成为你成长的经历和前进的动力。

生命线上，还剩下未来的时间，从 16 岁到未来，还有更漫长的路要走，你希望有什么样的未来？请思考 3 分钟，给自己的未来设立目标，要求：①不多于 3 个目标；②找到对应年龄的位置，写下目标实现的时间；③体会它带给你的快乐，在坐标图上标出自己的心情指数。

参考格式：我在____岁时，达成了______（目标），我的心情指数是______（0–10）。

（三）总结

送给大家一句话：

人生是一条无法回头的路，我们都在做最好的选择。过去、现在、未来，勇敢面对，任何时候都是起点，任何时候都由你决定向上还是向下。请记住自己的 3 个目标，用行动积极实现，让我们一起努力。

（四）学生反馈

1

当老师说到写自己过去的几件事情的时候，我想到了一件很重要的事，因为当时经历了很困难的事情，所以心情不好，自己也一直在责怪自己，现在想起来还有些想哭，太难熬了。所以当听到“你当时的决定就是最好的选择”的时候，我的心一震，很受启发。

2

我一直觉得自己挺顺利的，学习还不错，幼儿园、小学、初中、高中，一路考试上来。在画生命线时，我想了想，发现自己也遇到过很多事情，比如，如何和同学处好关系，如何把嫉妒变为友谊，如何团结老师和同学，原来在成绩上的成就不是我最重视的，我最重视的是人与人之间的关系。生命线让我更认识自己。

3

我感觉很自卑，初中因为后期突击才来到了这个学校，纯粹运气好，高中这几次考试成绩非常差，我觉得是脑子有问题，这里不适合我。但这次回顾我觉得自己也挺优秀的，一直以来都很顽强，不断地努力，不断积极向上，我看到了自己的力量和韧性，自己想做的事情一定能做到，既然命运把我放在这里，我就努力吧。

（五）班会反思

热身游戏让学生们消除隔阂，营造欢乐的氛围。后面是生命线的环节，同学们进一步加深了认识。在梳理过去的基础上，展望未来，树立目标。

案例 2

高中阶段找到适合自己的学习方法

高一学生从初中到高中，学习科目从 4 门变成 9 门，学习深度增加，范围变广，以前填鸭式的学习方法难以适应现在的情况，特别是期中考试后，学生在学习成绩上落差较大，急需找到适合自己的学习方法。

一、班会设计

1 适合对象：

高一年级学生。

2 活动时间：

期中考试后。

3 班会目标：

① 了解不同的学习方法，并认识自己的学习方式。

② 体会不同学习方式的优缺点。

③ 肯定自己的优点，发现自己的提升点，增强自信心。

4 班会重点和难点：

重点：让学生认识自己的学习方式。

难点：让学生肯定现在的优点，发现今后学习的提升点。

5 班会前期准备：

唐僧、孙悟空、猪八戒、沙和尚的图像桌签。

6 班会形式：

游戏 + 分享。

7 班会内容拆分：

① 热身游戏；② 西游记角色分组；

③ 小组讨论及分享；④ 总结；

⑤ 学生反馈；⑥ 班会反思。

二、班会实施

（一）热身游戏

主持词：

大家好，现在你的精神怎么样，是不是犯困了，让我们来做一个小游戏，清醒一下。

规则：（1）2 人一组。一个扮“乌鸦”，一个扮“乌龟”。（2）故事中，当听到“乌龟”的时候，扮演“乌龟”的同学去抓“乌鸦”的手，“乌鸦”将手撤回躲避，“乌鸦”赢；如“乌鸦”被抓，则“乌龟”赢。当听到“乌鸦”时，扮演“乌鸦”的同学去抓“乌龟”的手，“乌龟”将手撤回躲避，“乌龟”赢；如“乌龟”被抓，则“乌鸦”赢。（两人在台上做 1~2 遍。）

大家看懂了吗？好，现在全体起立，同学 2 人一组，分好角色，面对面，做好准备。

小故事：

乌鸦乌龟预备式

乌鸦乌龟活动式

森林里的池塘边住着一只小乌龟，他有一双乌溜溜的大眼睛。有一天，乌龟在外面玩，突然看见一只乌黑羽毛的乌鸦在天上飞，边飞边喊：“兄弟，快跑，巫婆来了！”乌龟连忙把头缩进壳里，乌鸦则躲进了池塘边的茅屋。过了一会儿，乌龟见周围没什么动静，探出头来一看，才发现刚才乌鸦看到的既不是巫婆，也不是巫师，而是乌云。这时天空乌云密布，眼看就要下大雨。好心的乌龟把乌鸦请到屋里避雨，可是乌鸦看到乌龟家满地污泥，乌漆墨黑，就喋喋不休地数落乌龟，乌龟听了很生气，就骂乌鸦无理取闹。后来，乌鸦把乌龟家弄得乌烟瘴气，乌龟不得不把乌鸦赶到屋外，弄得乌鸦呜呜大哭。

学生玩得很开心，氛围融洽。

游戏过后，我发现每个人的反应都不太一样，有的很快很稳，有的很快但不稳，有的很稳但不快，正像是我们每个人独特的学习方式与方法，每个人都不一样。请大家看投影上的图片（西游记中人物），认识这是谁吗？不错，就是我们小时候都看过的，很熟悉的西游记中的人物。他们在西天取经的过程中历经了种种磨难，如果他们玩刚才的游戏，会有什么表现？今天咱们这节班会的主题就是学堂西游记。

（二）西游记角色分组

现在，根据咱们学习方法的特点分成 4 个小组，A 是唐僧组，B 是孙悟空组，C 是沙僧组，D 是猪八戒组。规则是：（1）组长给每个人一张便笺纸，请贴在前面同学的后背上。（2）请同学根据对他学习方式的了解，给他分组并写明一条理由。

好，分组结束，请看自己背后的内容，唐僧组坐在靠门前三排，孙悟空组坐在靠窗前三排，沙僧组坐在唐僧组后面，猪八戒组坐在孙悟空组后面。

（三）小组讨论及分享

（学生已经坐好后。）

好，分组完毕，请思考自己为什么会被分到这个组，自己和这个角色有哪点相似之处，这个角色在学校里会有哪些表现和行动？请说说他的优势、劣势，以及他的提升空间和努力的方向与目标。思考完毕，小组讨论，最后每组选一个代表进行发言。

（学生进行讨论。）

请四位同学起立回答：

1 学生

我像唐僧，我们组的优点是学习的时候一本正经，能按时完成作业，上课认真听讲，认真学习；缺点是不喜欢参加活动，不喜欢动手，希望以后均衡发展吧。

2 学生

我在孙悟空组，我们组的特点是多动，喜欢上课说话，下课爱跑来跑去。我们的优点是机灵，反应力快；缺点是持久力差，所以成绩忽高忽低。我想只要努力，肯定能学好。

3 学生

我们组是沙僧组，优点是踏实，学习认真，认真听讲，认真学习；缺点是似乎学得很苦，却看不到太多效果，我们感觉挺累的，背着担子。希望以后能更有方法、更有效率地学习。

4 学生

我们是猪八戒组，我们希望有快乐的学习，快乐的生活，所以学习上虽然不太努力，但我们享受了生活，享受了人际关系。我们对同学很和善，对老师很尊重，我们喜欢自由自在的生活，我们是班级的开心果，缺点是自己不够努力，以后要多努力。

（四）总结

现在，请看我总结的每个角色不同的特点。唐僧，学习能力不是很强，接受力也一般，但是计划和意志力却很强。孙悟空，接受能力很强，但是自制力和意志力基本没有，平常也不复习预习。沙僧，有一定计划和目标，但灵活性不强，目标多是别人的目标，没有自己的想法。最后一个猪八戒，人缘很好，有一定的能力与基础，但是不肯吃苦耐劳，学习动力不强，没有目标。每个角色都有自己的优点和缺点，如果取长补短，扬长避短，就能发现各自的特点和提升空间。

PPT 展示

（五）学生反馈

1

我觉得这个班会很有意思，用游戏的形式，让我们看到自己在学习上的样子。我当时被排到猪八戒组了，这个让我很不能接受，因为我觉得自己不是好吃懒做的，其实在学习成绩上自己还不错，态度上还行，同学怎么会认为我是猪八戒这组的呢。但后来我发现自己跟这组同学真的有很多相似之处，比如，经常迟到，上课喜欢说笑话，不会的题不愿意想，喜欢找捷径，等等，这个给我很深的印象。我发现自己平时的行为给别人留下了印象，决定了大家对你的看法。游戏中，我很欣赏沙僧组的同学，他们认真、努力、刻苦，我很佩服，也要向他们学习。

2

今天的活动很有趣，又和学习方法相结合，我很喜欢，我也能充分认识自己。我觉得自己是沙僧，学得很认真，却没有太多效果，同学也这样认为，一直以来我不知道问题出在哪儿，觉得是自己脑子不如别人聪明。但这次通过讨论，我发现自己不是不如别人聪明，而是在思考、总结上没有花工夫，结果做事情没有反思，错误一犯再犯，没有提高。

3

我原来觉得学习是件很有压力的事，这个活动，让我觉得学习是个有意思的事，不同的个性有不同的行为，在学习上也有不同的反应。今后我学习的时候，就会想起西游记人物，想起自己像谁，也会对自己进行调整，我觉得很有意思。

（六）班会反思

因为此活动参与人员众多，所以志愿者的作用非常重要，要做好相关培训：热身游戏多准备些志愿者，解释规则、维护秩序，保证活动的顺利进行；其后的分组，让每组都有志愿者参与，帮助组织同学，推进活动；最后的分享，志愿者在组内把控时间，调动同学积极性。

案例 3

说出你的困惑

经过一个学期的学习，有些学生理想和实际出现了较大差距，一直在努力，却看不到希望，心理上出现怀疑自我能力、对未来迷茫等困惑；有些学生感觉无法融入现在的班级，心里话无人可以诉说，出现孤单感……希望此活动，让学生敞开心扉，说出心中的压抑和困惑，并找到解决的方法。

一、班会设计

1 适合对象：
高一年级学生。

2 活动时间：
高一下学期。

3 班会目标：
① 说出自己的困惑，勇敢面对困难。
② 在团体中，积极寻找解决的方法。
③ 同学间交流合作，更多沟通，营造和谐氛围。

4 班会重点和难点：
重点：引导学生写出自己的困惑，分享自己的心情。
难点：在愉快的气氛中，让学生彼此分享，缓解心理压力；同时肯定自己解决困难的能力，找到适合自己的方法。

5 班会前期准备：
红纸、黄纸和绿纸（每人一份）。

6 班会形式：
游戏 + 分享。

7 班会内容拆分：
① 热身游戏；② 组内分享；
③ 班主任总结；④ 学生反馈；⑤ 班会反思。

二、班会实施

（一）热身活动

主持词：

同学们好，在古罗马有一个奇妙的手环，只有富有智慧的团体才能解开，今天我们将一起来挑战它。请同学分为4组，每组8人。

规则

（1）每组围成一个向心圈，请每个人手拉着手，并记住你左手边的人；

（2）同学在圈内调换位置，保证左边和右边的人与刚才的不同；

（3）请保持现在的位置，用你的左手牵起刚才左边人的右手；

（4）现在你们面对一个错综复杂的问题，请在不松开任何手、不调换手的位置的情况下，把这张乱网解开。

学生开始解环。（根据时间、难易程度，可增加眼罩。）

（二）组内分享

现在看到，很多组已经顺利解开了环，相信很多同学也在解环的过程中有所收获，请大家思考：（1）当面对错综复杂的手环时，你用了什么策略？（2）解开手环需要哪些元素才能成功？（3）生活中，你遇到过什么样的结，是如何解开的？

其实在人际交往、学习读书、考试之中，我们会经历一个个的结，这些结有时候缠在一起，让人纠结，似乎感觉根本解决不了，但我们要相信这一个个的结，总会有解开的时候。

学生 1

开始觉得特别难，傻眼了，不过有人玩过，说一定可以打开，后来大家各自出建议，然后多尝试，就解开了。我觉得解结最重要的是尝试、行动。

学生 2

我觉得遇到问题，要靠集体的力量，自己也许想不到，但集体中肯定有人能想到，大家在一起主意多；还有要多尝试，开始我们也没打开，试了好几次，但也都没抱怨，就不停地试，最后还是打开了。所以解结关键是不抱怨、冷静、一起找方法、合作。

高一的学习环环相扣，如果一个知识点乱了，很可能让后面的知识点也乱，最后只能越缕越乱，只有找准了方法，才能把知识弄懂弄通。所以解结要素是：尝试、行动、合作、冷静。

下面我给大家分享一个故事：

一个小孩搬石头，父亲在旁边鼓励："孩子，只要你全力以赴，一定搬得起来！"最终孩子未能搬起石头，他告诉父亲："我已经拼尽全力了。"父亲答："你没有拼尽全力，因为我在你旁边，你都没请求我的帮助。"

所以不要习惯一味的单打独斗，全力以赴就是想尽所有的办法，用尽所有可用的资源。你不是一个人在战斗！有很多资源可以帮助你！学习、生活中也是这样。

经过一个多学期，我们适应着高一的学习和生活，既有解开的结，也有没解开的结，现在让我们敞开心扉，写下自己那些没有解开的结，利用集体的智慧给予解答。具体规则如下。

规则

（1）请写下你最近或一直以来的困惑，投到箱子里。

（2）每个同学抽出一个困惑，进行解答，如果抽到的是自己的困惑，则再抽一次。

（3）为抽到的疑惑，想出三个办法，最后小组讨论，选取主题与办法。

（4）时间 15 分钟。

（同学书写困惑：别人不学习，成绩比我好；每天学到 12 点，成绩不理想，害怕将来考不上大学，很丢脸；感觉父母无法理解自己，自己的理想和父母的期望不在一个范畴里，根本不想跟父母说话；感觉父母不关心自己，只关心学习；喜欢一个女生，要不要表白；老是睡眠不好，自己感觉好累；爸爸在外面说自己考得很好，一定能考上好的学校，可自己压力很大，同学都那么强，自己高考怎么样，真的不敢这么想；自己感觉在班级老一个人，没有朋友，很孤独；不知道怎么跟新妈妈、小妹妹相处；学习压力大，成绩跟不上……）

学生活动（一）

同学们抽取困惑，小组内开始讨论，大家觉得可以收集为 3 类问题，并给出解决方案。

学习适应类：最近学习压力大。①找到适合的学习方法；②跟老师、同学请教不懂的题；③花时间攻克难关；④劳逸结合，适当缓解压力。

同学关系类：不知道怎么跟同学交流，没有很真心的朋友。①主动跟人示好；②找到性格、脾气、兴趣相投的朋友，一起讨论问题；③每天从一个微笑开始，多对人微笑，多主动问候人；④多参加学校组织的社团或活动。

父母关系类：和父母无法沟通。①在尊重父母的前提下，说出自己的想法；②用言语、书信、网络等多种形式。

一个困难会有多个解决方法，每个方法都是一次尝试，就像解结一样，也许成功，也许只是过程，但这些都让我们离未来近一些，所以多尝试、多询问、多行动，方法总比困难多。

学生活动（二）

（三）班主任总结

“每个困难都有多种解决方法”，遇到困难先列出3种以上的方法，然后找到最适合的方法。如果想不到3种，可以问问朋友、同学、老师、家长，有什么办法。总之，“办法总比困难多”“三思而后行”，运用多种力量和智慧，获得最好的结果。

（四）学生反馈

1

我写的那个问题，被有相同经历的同学解答出来了，我当时特别震惊，因为我根本没有想到这种方法，而他的方法给了我启示，让我特别有感受，下次我准备试试。

3

解环游戏我以前玩过，但每次都是随别人解开，我有跟随别人的特点。在生活中，当我遇到问题，通常不知道该怎么办，以后要学习自己思考。现在想想生活中的结，也没什么大不了，一个个都有解开的那一天。

2

这次我没有写自己真实的问题，但听了好多解决方法，给了我启示。有时候多问问人，就会有方法，三个臭皮匠顶个诸葛亮，民间有高人！

（五）班会反思

在活动中，可以提前准备一些写有问题的小纸条，引发学生的思考。也可以分成几个组分头讨论，通过大家讨论一定会有办法。同时办法、建议不要太空，最好能落实，详细些，有步骤，便于实施。

案例 4

认识自我，合理安排高中学习生活

高二阶段，学生逐渐适应了高中生活，因为没有高三时的考试压力，高一时的好奇心消退，容易出现迷茫感。同时活动增多，他们成为校园活动的骨干，心理上也在寻找自己的位置，自己的角色。多种角色的变化，让他们认识自我的需求增大，时间管理技能需要增加。

一、班会设计

1 适合对象：

高二年级学生。

2 活动时间：

期中考试后。

3 班会目标：

① 认识自己现在的角色，并认识到不同角色承担的不同责任。

② 学会合理规划时间。

③ 同学间相互沟通交流，增加彼此联系。

4 班会重点和难点：

重点：引导学生对自己的角色进行有序的排序，并利用它指导自己今后的生活。

难点：学生认识到现在自己有多少角色。

5 班会前期准备：

数字卡片 12 张、胶带 1 个、大白纸 5 张、黑笔 5 支、角色卡片、PPT、糖果。

6 班会形式：

游戏 + 表演 + 分享。

7 班会内容拆分：

① 情景引入；② 热身游戏；③ 情景模拟；④ 活动展示及小结；⑤ 班主任总结；⑥ 学生反馈；⑦ 班会反思。

二、班会实施

（一）主题引入

主持词：

进入高二，很多学生觉得学习难度加大，考试增多，作业增多，还要参与各种校园活动，比如，这段时间，我们学校要组织嘉年华活动，学期月考也临近……你是否因此感到混乱，想要安排又不知道该从哪儿入手？我们应该怎么安排这段时间的学习和生活呢？别着急，我相信这节班会会给你答案。

我宣布“认识自我，学会排序”主题班会，现在开始。

学生主持

（二）热身游戏

首先我们先来玩一个游戏，请看规则：

（1）分为 3 个小组，每组派 4 名同学，一共 12 个同学参与。

（2）参与同学的背后会贴上一个数字。

（3）请参与的同学按数字的大小顺序进行排列，小数在前，大数在后。

（4）过程中，同学不能用语言或手势等方式告诉彼此背后的数字，其他同学也不可以告诉他们自己的数字，如果透露则出局。

（5）请各组预测完成这个活动所需的时间。最接近时间的组获胜。

给 12 位同学背后贴上数字，组内同学用大白纸写上完成的时间。

（注意：游戏过程中千万不能说话！）

让我们猜一猜，这一组同学完成这个游戏需要多长时间呢？

如何能快速排列，大家有什么方法和策略？

如果想要在这个环节中快速完成任务，就需要有一个人出来先给他人排序，把其他人都排完之后，由他人给自己排序。

要先思考策略，再实行，不能一上来就想着自己。

数字是一个比喻，它可以类比于生活中的很多事情，就如现在的高二，有的同学既是合唱团团员，又是志愿者；有人既是班干部，又是社团负责人，身兼数职，活动、会议不断，每天都很忙，我们该如何安排事情的顺序，谁先谁后？

贴数字游戏

（三）情景模拟

现在我们进入实操环节，这个情景事例是这周末要发生的 5 件事。

（1）周一要月考，想必大家周日是要复习的。

（2）周日上午轮到你到自然博物馆讲解，你只需去一个上午就可以记 10 个小时。

（3）你的姨妈住院了，这周末需要有人在医院照顾。

（4）这周日还有一个小学同学的聚会。你和你的朋友很多年没有见面了，这次聚会大部分人都会到，你不到的话，很不合适。

（5）你还有合唱团的活动，需要周日来学校排练一天。

情景介绍完了，请组内排序，并说明理由，时间 15 分钟。

（四）活动展示及小结

1

学生

我认为作为亲人，一定要以家庭为重，别的还有机会，亲情是无价的，所以在面临时间冲突的时候，我会优先选择去照顾亲人，所以它排第一个。月考排第二，我会利用照看亲人的空闲时间学习，因为我是学生，学习的事情不能掉以轻心。其他的有时间就去，如果没有时间就放弃，先抓主要的。

2

学生

学习是学生的本职工作，要把学习放在第一位，要月考了，更要认真复习，别的我能帮上的忙不多，但做好自己的事，才能让别人放心。比如亲人生病，肯定也希望我学习好，让他们放心，而且我只是一个孩子，就是在那儿作用也不大。

3

学生

自己选的志愿服务不能不去，做人得有诚信，而且这是为了更多人的服务，不去的话会影响团体的整体安排，要以大局为重，对自己对他人负责，所以我选择去做志愿服务。然后是合唱团排练，因为是排练所以放第二，如果是正式演出，它就排第一。后面是照顾亲人、同学聚会、月考复习。

4

学生

同学情感很重要，好久不见，每个人都有变化，大家聚在一起不容易，一定很期待见面，而且时间在晚上，和白天时间不冲突，把它排第一，然后上午可以去志愿服务，下午去照顾亲人，月考复习用路上的时间完成，合唱团需要暂时放弃，时间太长。

每个人的排列，有自己的理由，自己的立场，都很有道理，其实这个活动是按我们生活中的几种角色定位安排的。刚出生时，我们只有一个角色——“孩子”。随着慢慢长大，角色越来越多，我们在学校里有了“学生”的角色，在茫茫人海中找到好朋友就被赋予了“好朋友”的角色。我们有了自己的能力，有人会需要我们的帮助，有了“志愿者”的角色。以后，我们步入社会，就有了“工作人”的角色。当遇到几个角色之间有冲突的时候，你如何排序？可以按重视程度排序，这在时间管理中是“最重要的事”的排列方法，这种方法的关键是每天找出一件最重要的事，立刻完成，等它完成了，再完成其他事情。用它来指导我们的生活，就会朝目标更进一步。

（五）班主任总结

在角色发展中，每个阶段有每个阶段的重要任务，我们需要根据时间、地点、事件来确定自己的角色，以及做事情的优先顺序。比如在学校中，老师必须教书育人，讲课、批改作业、解答问题；在家中为人父母，就要照顾孩子、洗衣做饭。当两者矛盾的时候，要思考什么是大多数人的利益，以多数人的利益为主，所以你们会看到很多老师的孩子在学校食堂吃饭，而老师还在给学生讲题。你们是学生，也要把学生的角色放在第一位，以学生的要求来约束自己，不迟到早退、认真听讲、努力学习、积极参与各项活动。我们的班级是每一个人的班级，每个人都是重要的一份子，活动中以班级的利益为主，当出现矛盾时，牺牲小我成就大我是我们的选择，这样才有和谐的班级、校园。

（六）学生反馈

学生1

这次班会特别好玩，玩游戏的时候也特别开心，尤其是表演的同学演得也很有意思。我以前也经常遇见特别纠结的事，想都顾及到但是最后什么也没做成，就是因为我不知道我应该以什么样的角色为重，通过这次班会，我发现了自己真正的想法，不害怕再在生活中做决定。

学生2

我觉得这些活动很新颖，气氛也很好。以前开班会都是老师在上面讲，很少有交流和小游戏，这次班会全程都由同学主持并参与，大家玩得都很开心，而且也都学到了很多，特别是了解了时间管理的方法：先做最重要的事。

学生 3

我觉得人比事重要，所以很重视友谊，比如，每次回家我都等一个朋友一起走，有时候能等上 1 个小时，其实挺耗时间的。我在想我最重要的事是什么，其实可以有别的方法，不一定一起回家才代表友谊。

学生 4

不同的人对自己角色的排序都不一样，主要看自己更需要什么，这就需要深刻的认识自己，对自己有一个正确的认知，这样才能更妥善的管理自己，调整自己的学习生活，让自己办事更有效率。这也是这次班会告诉我的。

（七）班会反思

班会前调查班级最近的必做事件，同学常有的角色、事件，列出贴近学习、生活的实例，让同学畅所欲言，更好地指导未来的学习、生活。

案例5

消除迷茫，重燃梦想

高二学生在陈经纶高中已经生活了一年，充分适应了校园环境。对于学习，很多同学没有高一时的雄心壮志，也没有面临高考的紧迫感，出现目标不明确的情况，这是一个容易出现动荡和茫然的时期。

一、班会设计

1 适合对象：

高二年级学生。

2 活动时间：

期中左右。

3 班会目标：

① 认识目标的重要性。

② 开始思考自己今后发展的方向与目标。

③ 在活动中相互了解，互助成长。

4 班会重点和难点：

重点：让学生们有切实的目标，敢于说出梦想。

难点：让学生们意识到实践的重要性，有目标有行动。

5 班会前期准备：

A4 纸一人 2 张，信封每人 1 个。

6 班会形式：

游戏 + 分享。

7 班会内容拆分：

① 导入；② 想象 15 年后的自己；③ 分享；④ 写信；⑤ 班主任总结；⑥ 学生反馈；⑦ 班会反思。

二、班会实施

（一）导入

主持词：

同学们好，今天我们来玩一个游戏，这个游戏叫做“一个抓一个逃”。（1）请同学们围圈，站好。（2）每个人把自己的左手伸出，食指向上，右手伸出，掌心压在右边同学左手食指上。（3）当我说到某个字的时候，右手去抓右旁同学的左手，同时自己的左手逃跑。下面我们正式开始游戏，这个字是“水”字，请听故事。

从前有座山，山里有个庙，庙里有个小和尚叫阿汤。一天师傅对阿汤说：“为师渴了，想喝茶。”阿汤说：“好的，我这就去给您接水。”说完，阿汤提着两个木桶就下山了。很快，他来到了山下的井边，打了两桶水。阿汤回到了庙里，给师傅烧好水，沏了一杯好茶。

好，游戏做完了。有没有同学在游戏中一次都没有被抓住？有没有同学抓住了别人很多次？

现在想想，“水”字很简单，为什么刚才的游戏，我们没有顺利过关？有哪些干扰？

1 学生1：紧张，我老想着后面会不会有其他词，结果就抓错了，或者跑快了。

2 学生2：也没多想，反正就很容易错。

“一个抓一个逃”游戏示范

请同学们思考，如果要玩好刚才的游戏有什么秘诀？

学生：一切听指挥，听到“水”字才跑，集中注意力，放松。

在我们的生活、学习中，是否有这样一件事，被我们时刻关注，它对于你来说是什么？是现在的考试？未来我希望成为什么样的人？还是什么时候打下课铃？

对于一生而言，你关注的这件事就决定了你的人生，这件事曾被称为目标、梦想。现在请回想你曾经有过的梦想。小时候，你希望做什么；小学，你的理想是什么；初中，你如何想象未来。不用考虑是否能实现，是否可行，只要曾经有过梦想就写下来。比如，我小时候想当科学家，小学想当老师，初中想当……（时间 3 分钟。）

今天我们将走进梦想，生涯漫游，看看未来的自己。

（二）想象 15 年后的自己

想象 15 年后的自己，并记录下来。

请大家用舒服的姿势坐着，闭上眼睛，在放松的状态下，先做一个放松。

慢慢地把空气吸进来，再慢慢地把空气吐出去。在深呼吸的时候，想象你把空气中的氧气通通吸进来，身体充满了活力，吐气的时候，想象你把身体中的二氧化碳通通吐出去，让身体完全排除疲劳及不舒服的感觉。

想象一个白色光团从你的头顶慢慢地、一点一点地充满你的头部，一点一点地贯穿你的体内，头变得沉沉的，意识一点一点地淡去了。你的眼皮很放松，嘴巴很放松，你感到很放松，你的肩很放松。白色光来到你的前胸、后背，到达了你的腹部，它所到达的地方你都觉得非常的放松、温暖、柔和。它一点一点地继续前行，到达了你的臀部、大腿，经过了你的膝盖，到达了小腿，四肢也跟着放松了。再向下，贯穿你的脚踝、脚背和你的脚趾头，你感到非常柔软、温暖。

你在休息中，现在是2031年的一天，这时候的你已经30、31岁了，你在自己家的床上。你开始起床，你的脚触摸到地面，或是暖暖的，或是有一些冰凉，你知道新的一天来到了。你要去上班，你看了看时间，立刻去洗漱，穿上自己最喜欢的衣服，搭乘常用的交通工具，通往上班的地方。那是你熟悉的，经常去的地方。你看着这个地方，办公的地方，对来往的同事微笑，他们怎么称呼你，你怎么回应？你想着今天将要做的事情，想着自己以前取得的成就，想着未来的梦想，你体会着现在的心情，你对现在满意吗？中午时间很快到了，你吃着午饭，和同事聊天。经过一个下午的工作，下班时间到了，今天你是计划立刻回家，还是跟朋友去聚会，你通往自己选择的地方。晚上回到家，你回顾今天，想对自己说些什么话？请再仔细看看15年后的自己，再仔细看着他，记住这个感受，记住这些细节，记住他的样子、他的话。仔细体会下，好，记住它，待会我们就回去了。

现在，我们该回来了，让我们转身，按照我们刚才的那条路一点一点地走回来，往回走。

我们沿着那条路走回来，走回我们这间房间，我将从3数到1。

3. 意识有点恢复了，动一动脚趾，感受到脚和鞋子。

学生冥想

2. 动一动手指，动一动眼睛，更清醒。

1. 头脑清醒，睁开眼睛。

刚才同学们看到了什么？请拿起笔，画出或写出你未来的一天生活，是什么职业，什么着装，几点起床，有哪些工作内容，最开心的是什么，中午在哪里吃饭，几点下班，下班后有什么生活，周末有什么计划，周围有哪些亲人、朋友……

（三）分享

两三个人一组，相互分享刚才看到的内容：刚才你看到了什么，自己是什么样子，在什么样的地方，做什么，你有什么感受和想法。

未来或许让我们觉得不可思议，或许让我们兴奋，或许和我们想象的很不一样，但是否给了你新的思路，新的画面，你是否升起新的感受？新的想法？

15 年后的自己，你的未来在自己手里，是我们的另一个人生。从现在开始，我们还有 15 年的时间，让它变成现实，或发生改变，这里有一个故事送给大家。

有个叫布罗迪的英国教师，在整理阁楼上的旧物时，发现了一叠练习册，是皮特金幼儿园 B（2）班 31 位孩子的春季作文，题目叫："未来我是……"

他本以为这些东西在德军空袭伦敦时早已被炸飞了，没想到，它们竟安然地躺在自己家里，并且一躺就是 50 年。

布罗迪随手翻了几本，很快便被孩子们千奇百怪的自我设计迷住了。比如，有个叫彼得的小家伙说自己是未来的海军大臣，因为有一次他在海里游泳，喝了 3 升海水都没被淹死。还有一个说，自己将来必定是法国总统，因为他能背出 25 个法国城市的名字。最让人称奇的是一个叫戴维的小盲童，他认为，将来他肯定是英国的内阁大臣，因为在英国还没有一个盲人进入过内阁。总之，31 个孩子都在作文中描述了自己的未来。

布罗迪读着这些作文，突然有一种冲动，何不把这些本子重新发到他们手中，让他们看看现在的自己是否实现了 50 年前的梦想？当地一家报纸得知他的这一想法后，为他刊登了一则启事，没几天，书信便向布罗迪飞来。其中有商人、学者及政府官员，更多的是没有身份的人。他们都表示，很想知道自己儿时的梦想，并且很想得到那本作文本，布罗迪按地址分别给他们寄去。

一年后，布罗迪手里仅剩下戴维的作文本没被索要。他想，这个人也许是死了。毕竟50年了，50年间什么事都会发生的。

就在布罗迪准备把这个本子送给一家私人收藏馆时，他收到了内阁教育大臣布伦克特的一封信。他在信中说：那个叫戴维的孩子就是我。感谢您还为我们保存着儿时的梦想。不过我已不需要那个本子了，因为从那时起，我的梦想就一直在我的脑子里，从未放弃过。50年过去了，可以说我已经实现了那个梦想。今天，我还想通过这封信告诉其他30位同学，只要不让儿时美丽的梦想随岁月飘逝，成功总有一天会出现在你面前。

（四）写信

同学们，请给自己一份纪念，记得今天的目标，记得从现在到达目标的途径，用一生去努力，朝着那个方向前进，用行动打造未来，你会发现未来就在你手中。

现在请把关键词写在下面的表格中，15年后的样子；你现在的年龄，身份，特点……用最快的方式想想自己是如何达到15年后的未来的；今后一年的目标。在写这个目标时，请以“我”开头，用肯定的语言进行描述，内容越具体越好。问自己，第一个跑入你头脑中的是什么，如果只能写一个你会写什么，可以写学业上的目标，可以写人际关系上的目标，也可以是生活目标。写好后，签上自己名字。请放入信封，然后折好，在信封上写上自己的名字。

	年龄	身份	特点	目标
15年后的我				
现在的我				
一年计划				

这个信封，是今天你送给自己的礼物，也是对人生的一份期待，你可以在课后和人分享，邀请他们来帮助你，也可以把它放在心中最珍贵的地方。请记住自己未来的样子，朝着它一直奔跑。

（五）班主任总结

船的航行需要灯塔指引方向，而人生需要目标引领前行。有了目标，我们知道今天学习的意义；有了目标，我们心中有了盼望。希望同学们记住今天写下的每字每句，对未来的自己说："谢谢今天的自己。"

（六）学生反馈

1 这是对于我自身明确目标的一个非常好的机会，通过这次班会我更加全面的了解了自己，认识到了我的目标。我会朝着这个目标继续努力的。

2 我对自己的目标了解得更全面，对未来的预设也更加清晰，对我自己的明天充满了信心，也会继续延续目标直到达成它。

3 我从开始就没有设计自己的目标，但这次班会让我明白了不论是否有目标，行动也一样重要。

（七）班会反思

活动的时间可适当延长，将每个环节的节奏慢下来，给学生足够思考的时间。后来看学生的信，他们真的很认真。其中讨论环节不算热烈，需要老师与同学们的互相配合。

案例6

如何调节和控制情绪？

高二学生心理发展较快，对事情有了自己的看法和认识，亲子关系、同学关系、师生关系，人际冲突增多，情绪波动较大，有必要进行情绪方面的指导。

一、班会设计

1 适合对象：
高二年级学生。

2 活动时间：
期中考试后。

3 班会目标：
① 认识、感知情绪的变化。
② 学会控制和调节自己情绪的方法。
③ 营造和谐的师生、生生和亲子关系。

4 班会重点和难点：
重点：让学生学会控制和调节情绪的方法。
难点：在活跃的气氛中，引导学生思考控制和掌握自己情绪的方法。

5 班会前期准备：
视频材料“潘婷广告”、排演心理剧。

6 班会形式：
视频 + 思考 + 讨论。

7 班会内容拆分：
① 观看视频；② 学生分享；③ 观看心理剧；④ 讨论与分享；⑤ 控制情绪的方法；⑥ 班主任总结；⑦ 学生反馈；⑧ 班会反思。

二、班会实施

（一）观看视频

主持词：

欢迎大家参与“认识情绪，认识自己”的心理班会。在本次班会上没有真正的对与错，所以请大家尽情地发表自己的观点看法。

首先我们要观看一段视频，这段视频讲的是一个很感人的故事。看完故事，请大家用表情或动作表达你当时的心情，并保持住这种表情。

但是在看视频之前，你们有人愿意和我打一个赌吗？赌注是100元。有人愿意吗？（若有，你们不关心我要和你们赌的是什么吗？若没有，为什么不和我赌呢？）

今天我要和你们打的赌就是——我和大家一起看接下来的这个视频，如果我被感动哭了，我给你们100元；但如果我没有哭，那么你们给我100元。有人愿意和我打这个赌吗？说实话，我已经看过这个视频了，第一次看的时候就感动地哭了。所以你们如果和我打赌的话，赢的可能性还是不小的。（若有，既然大家这么有自信，我们就用行动来证明一下呗；若没有，真的没有人愿意和我打这个赌吗？为什么呢？……真的没有的话，我们就直接看这个视频吧！）

（视频分两段播放。）

第一段视频：

一个聋哑女孩在小时候看到街头拉小提琴的流浪艺人，于是励志成为一名优秀的小提琴手。在学校学习拉小提琴期间，遭到同学们的冷嘲热讽。女孩更受到一个家庭优越的女生的排挤，处处为难她。

“鸭子也想飞？”“聋子也想拉小提琴？”“你脑子有水啊？”“你就不能学点儿别的？”“你在浪费所有人的时间！”

就在小女孩心灰意冷、无助的时候，小女孩又碰到了那个街头拉小提琴的流浪艺人，流浪汉鼓励小女孩不要太在意别人的看法，要在乎自己内心的感觉！

他用手语问“你还在拉小提琴么？”

她说“为什么我和其他人不一样？”

“为什么，你一定要和别人一样？音乐，是有生命的。轻轻闭上你的眼睛去感受，你就能看见音乐。”

从此女孩重新领悟到了音乐的真谛，也在音乐中找到了自己。她与流浪艺人一样都是聋哑人，无声的世界里，用音乐温暖彼此，显现出一种心灵上的契合。最后在参加古典音乐比赛中，小女孩轻轻闭上眼睛，用破旧的小提琴拉出了让全场震撼的曲子。

看到这段影片，大家有什么样的情绪？

感动、欣慰、心疼、气愤……

是的，我们都为小女孩受到的不公平而气愤，为小女孩能重新站在台上，精彩的表演而感动、欣慰。可你们知道后面发生了什么吗？

视频第二段：

字幕：“你可以闪亮，潘婷，我可以！”

同学爆笑。

亲爱的同学，现在你有什么感受？

1

学生

感觉最后出来的居然是广告，太搞笑了。

2

学生

我无语了，还可以这样，感觉被调戏了。

（二）学生分享

是呀，刚才还让我们很感动的视频，让我们的心情慢慢沉淀，在最后的 5 秒钟，却出现了翻转，大家表情变化，情绪变化了。……生活中我们一定也有类似的经历，情绪突然变化的经历，可以跟我们讲讲吗？

学生 1：我觉得自己情绪变化很快，一会儿开心，一会儿不开心，我是 AB 血型，是比较情绪化的血型。比如昨天吃饭，本来挺开心的，有我喜欢的菜，我妈偏偏说考试的成绩，然后我就不开心了，根本吃不下去饭了。

学生 2：我的情绪还好，不太外露，不过刚才最后那段也笑了。情绪这个事情，是需要控制的。我的情绪跟环境有关，比如，我在同学面前很开心，在家就有些压抑，自己待着的时候会发愣，我自己也不知道为什么，可能青春期情绪变化大。

大家对情绪都有切身的感受，情绪变化有时因为外界的影响，有时因为个人想法的变化。但是我们是它的主人，就像刚才和大家打赌，因为我知道情绪是由自己控制的，所以，我在开头很从容地和大家打赌。

（三）观看心理剧

好了，接下来这个讲台暂且交给我们的同学们。在这节班会之前，同学很努力地排练了一个心理剧。

学生心理剧

一天晚上，EMC 大中华区总裁陆纯初回到办公室取东西，但到了办公室门口才发现自己没带钥匙。此时他的私人秘书瑞贝卡已经下班。陆纯初试图联系后未果。数小时后，陆纯初还是难抑怒火，于是在凌晨 1 点 13 分通过内部电子邮件系统给瑞贝卡发了一封措辞严厉且语气生硬的“谴责信”。陆纯初在这封英文邮件中说，“我曾告诉过你，想东西、做事情不要想当然！结果今天晚上你就把我锁在门外，我要取的东西都还在办公室里。问题在于你自以为是地认为我随身带了钥匙。从现在起，无论是午餐时段还是晚上下班后，你要向你服务的每一名经理都确认无事后才能离开办公室，明白了吗？”（事实上，英文原信的口气比上述译文要激烈得多。）陆纯初在发送这封邮件的时候，同时传给了公司几位高管。面对大中华区总裁的责备，一个小秘书应该怎样应对呢？

瑞贝卡在网络上赢得了“史上最牛女秘书”的称号。她在中文邮件中回复说，第一，我做这件事是完全正确的，我锁门是从安全角度上考虑的，如果一旦丢了东西，我无法承担这个责任。第二，你有钥匙，你自己忘了带，还要说别人不对。造成这件事的主要原因都是你自己，不要把自己的错误转移到别人的身上。第三，你无权干涉和控制我的私人时间，我一天就8小时工作时间，请你记住中午和晚上下班的时间都是我的私人时间。第四，从到EMC的第一天到现在为止，我工作尽职尽责，也加过很多次的班，我也没有任何怨言，但是如果你们要求我加班是为了工作以外的事情，我无法做到。第五，虽然咱们是上下级的关系，也请你注重一下你说话的语气，这是做人最基本的礼貌问题。第六，我要在这强调一下，我并没有猜想或者假定什么，因为我没有这个时间也没有这个必要。本来，这封咄咄逼人的回信已经够令人吃惊了，但是瑞贝卡选择了更加过火的做法。她回信的对象选择了“EMC（北京）、EMC（成都）、EMC（广州）、EMC（上海）”。这样一来，EMC中国公司的所有人都收到了这封邮件。

（四）讨论与分享

让我们分组讨论：

（1）秘书、总裁当时有哪些情绪？

（2）这样处理事情的后果是什么？

（3）你觉得还有哪些处理方法？

（一位曾在GE和甲骨文服务多年的资深人士说：正确的做法应该是，同样用英文写一封回信，解释当天的原委并接受总裁的要求，语气注意要温婉有礼。同时给自己的顶头上司和人力资源部的高管另外去信说明，坦承自己的错误并道歉。）

学生1：他们都很生气，说话、做事不计后果。最后秘书会被辞职吧。秘书怒斥领导，出了气，但自己会丢了工作，或者以后跟领导关系不好，没有控制好情绪。

学生2：秘书的做法虽然很cool，直接对着干，但欠缺考虑，以后会后悔的。工作那么难找，现在已经做到总裁秘书了，这么有发展的职务，不能因为钥匙这件小事而耽误了未来的发展。同事估计有支持她的，反正丢工作的不是自己，但对于自己还是得考虑长远些。

学生3：我赞成秘书划界限的做法，上班是上班，私人时间是私人时间，但可以在措辞或以后的方法上改进，没必要这么咄咄逼人的说话。我觉得可以委婉地说出来。

谢谢同学的发言，在事件中，情绪并没有对与错，表达情绪也是可以的，但表达的方式更重要，有句话是“我们可以表达愤怒，但不可以愤怒的表达”。我们应该学会理性思考、评价自己的情绪，合理表达情绪。

如果把总裁换作老师、同学、家长、朋友，把秘书换作你，把钥匙换作其他事件，你会如何处理？比如：

（1）你一回家，父母就埋怨：为什么这么晚才回家？是不是出去玩了？

（2）你做完作业刚想看电视，父母就说：你怎么不知道学习，就知道整天看电视呢？

（3）你在考试中发挥得很不好，老师批评：最近这段时间真不知道你脑子里天天都在想些什么？这些题居然还错！

学生 1：原来我的做法是以暴制暴，别人对我好好说，我听不进去，不好好说，我就对着干，以后得改一改。

学生 2：我都是憋着，结果别人也不知道我是怎么想的，以后得学会表达。

学生 3：我想跟自己说，得控制情绪。

（五）控制情绪的方法

情绪需要沟通，压抑情绪会让你的感受不为人所知，事情就不会改变。但情绪表达需要理性的表达。情绪是由我们自己控制的，我们能够掌控自己的情绪。情绪的好坏会影响我们的生活。下面我们和大家分享 10 种方法，希望能够给大家提供一些帮助。

① 经常保持微笑；② 学会和别人一起分享喜悦；③ 保持自己的一颗童心；④ 保持幽默感；⑤ 学会宽恕他人；⑥ 有几个知心朋友；⑦ 保持高度的自信心；⑧ 尊重弱者；⑨ 学会放松自己；⑩ 不要财迷，知足常乐。

（六）班主任总结

每个人都有自己的情绪，通过今天的活动，我们看到情绪后面会带来什么样的结果。青少年阶段情绪丰富，也即将迈入成年，希望同学们从今天的内容中学到：发泄情绪之前先想想结果，为自己的每个情绪负责，也学会体谅别人的情绪。

（七）学生反馈

1

通过这次的学习我知道了如何控制我的情绪，我知道了什么情绪在什么情况下会有较大的影响，但是我觉得我得通过很长一段时间才能改变我惯有的情绪。

2

这次班会对我的触动很大，我觉得这次班会很有意义，让我知道了很多种的情绪，也让我知道了从侧面去反映一件事情，这种情绪在你看来并不算什么，但是对于别人来讲，可能就会对它们造成一定的伤害，所以我学会了控制自己的情绪。

3

通过这次的班会我知道了很多关于情绪和自己的联系，情绪由自己支配，情绪因自我而改变，是一种主观意识的改变，也能让我在今后的生活中更加注意自己的言行举止，来克制一些负面情绪。

（八）班会反思

视频，心理剧深受同学喜爱，前期要找适合的同学排练。在“控制情绪的方法”环节，可让同学多参与，增加互动。比如，分组讨论控制情绪的方法，请一两位情绪控制好的同学分享经验。

案例 7

提前了解职业选择及规划

高三阶段，学生开始思考自己未来发展方向，但因为社会经验少，视野窄，往往无法深入思考，心理上焦虑、迷茫、无助，需要职业规划的建议与经验。

一、班会设计

1 适合对象：

高三年级学生。

2 活动时间：

高三学年前期。

3 班会目标：

① 从职业兴趣、职业条件、就业比例等方面，切实地实施生涯规划，在充分思考和衡量的基础上做出慎重的选择。

② 认识各选择间的联系，对高考报志愿等有辅助作用。

③ 乐观积极地面对未来。

4 班会重点和难点：

重点：让学生了解如今的就业形势，认识到高考报志愿的重要性，为学生提供更多的报考资讯。

难点：让大家发现自己的优势能力以及职业倾向。

5 班会前期准备：

收集职业规划信息，并准备若干巧克力。

6 班会形式：

活动 + 讨论。

7 班会内容拆分：

① 热身活动；② 职业科普；

③ 选择，了解自己的兴趣；

④ 被选择，了解自己的能力；

⑤ 供求现实，了解就业规律；

⑥ 总结；⑦ 学生反馈；⑧ 班会反思。

二、班会实施

（一）热身活动

主持词：

各位同学好，高三的你是否想过青春怎么度过？未来是什么样子？或许现在你还很迷茫，但希望这次班会后，你会有些头绪。

首先问大家一个问题：美国铁路两条铁轨之间的标准距离是 4 英尺[①] 8.5 英寸[②]，这个标准，究竟是从何而来的呢？如果我说是由马屁股决定的，你们相信吗？让我为大家介绍一下缘由：

4 英尺 8.5 英寸是英国的铁路标准，而美国的铁路原先是由英国人建的。那么为什么英国人用这个标准呢？原来英国的铁路是由建电车轨道的人所设计的，而这个正是电车所用的标准。电车的铁轨标准又是从哪里来的呢？原来最先造电车的人以前是造马车的，于是他们沿用了马车的轮宽标准。那么马车为什么要用这个轮距标准呢？因为如果那时候的马车用任何其他轮距的话，马车的轮子很快

注：①1 英尺≈30.48 厘米。 ②1 英寸≈2.54 厘米。

会在英国老路凹陷的路辙上撞坏的。为什么？因为这些路上的辙迹的宽度是 4 英尺 8.5 英寸。这些辙迹又是从何而来的呢？答案是古罗马人所定的，因为在欧洲，包括英国的长途老路都是由罗马人为他们的军队所铺的，4 英尺 8.5 英寸正是罗马战车的宽度。

那么，罗马人为什么以 4 英尺 8.5 英寸作为战车的轮距宽度呢？原因很简单，因为这是战车的两匹马屁股的宽度！

但故事到此还没有完，下次你在电视上看到美国航天飞机立在发射台上的雄姿时，你留意看看在它的燃料箱两旁有两个火箭推进器，这些推进器是由一家公司设在犹他州的工厂所提供的。这家公司的工程师希望把这些推进器造得胖一点，这样容量就可以大一些，但是他们不可以！因为这些推进器造好之后要用火车从工厂运送到发射点，路上要通过一些隧道，而这些隧道的宽度只是比火车轨宽了一点，而火车轨道的宽度是由马屁股的宽度所决定的。

因此，我们可以断言：今天世界上最先进的运输系统的设计，在两千年前便由两匹马的屁股宽度决定了。这就是路径依赖，看起来有几许悖谬与幽默，但却是事实。

我们的人生也是这样，未来的发展由现在的青春决定，我们的职业、人生选择、方向，由我们现在的思考决定。

现在我们做《职业大拼盘》的活动：每个人说一个合法的职业名称后坐下，不可以重复，没有说出来的同学将接受惩罚。大家可以从周围看到的职业、家人的职业、心中希望的职业等角度，进行收集整理。

同学开始说职业：老师、服务员、老板、董事长、公务员、经理、演员、作家、消防员、警察、面点师、司机、化妆师、摄影师……

谢谢大家积极的配合，通过这个游戏，我们发现，这个世界上存在很多职业，不久后，我们要对我们的职业生涯进行第一次选择——填报高考志愿。今天我们就一起来讨论我们未来职业的发展和规划。

（二）职业科普

《中华人民共和国职业分类大典》把我国职业划分为由大到小、由粗到细的四个层次：大类（8个）、中类（66个）、小类（413个）、细类（1838个）。细类为最小类别，亦即职业。8个大类具体如下。

第一大类

国家机关、党群组织、企业、事业单位负责人，如科长、处长、局长、经理、厂长、校长等。

（特点：负责全面建设和管理，有全局观念和高度责任感，有良好的组织管理、沟通协调能力，高执行力，能承受较大压力、责任心强。）

第二大类

专业技术人员，如计算机程序员、教师、律师、软件测试员、弱电工程师、会计、医生、药剂师等。

（特点：喜欢学习和钻研，踏实稳重，工作高效，思维清晰，逻辑分析能力强，具有较好的书面表达和人际沟通能力。）

第三大类

办事人员和有关人员，如社工、办事员、记者、翻译、秘书、导游等。

（特点：热情，具有较好的沟通能力和理解能力，有耐心，有良好的服务意识和团队精神，有抗压能力。）

第四大类

商业、服务业人员，如服务员、证券工作人员、销售员、销售经理、营销总监等。

（特点：个性活泼开朗，沟通交往能力强、表达能力强，良好的团队合作意识，良好的心理素质和自控能力。）

第五大类

农、林、牧、渔、水利业生产人员，如农民、渔民、农场主、船员、农艺师、海鲜师傅等。

（特点：工作认真负责，健康的体魄，充沛的精力，勤快，有制订计划的能力。）

第六大类

生产、运输设备操作人员及有关人员，如工人、司机、安全员、质检员、设备操作员、维修员等。

（特点：动手能力强、学习能力强、有执行力。）

第七大类

军人。

（特点：执行力强，服从性强，身体素质好。）

第八大类

不便分类的其他从业人员，如自由职业者、手工艺者等。

（三）选择，了解自己的兴趣

这里有 8 张桌子，请根据你的兴趣爱好和第一直觉，选择你感兴趣的职业，并坐到桌子旁边。请你按自己的兴趣选择职业，不用考虑其他，仅仅是依靠自己的兴趣来选择。

在兴趣小组中，请大家一起来想象并讨论以下主题：

（1）你选择的大类中包括哪些职业，尽可能地把它丰富起来。

（2）这个职业分类中吸引我的是哪些方面？

（3）如果这个职业要招聘人员的话，需要哪些素质，比如专业素质、心理素质、性格特点等。

国家机关、党群组织、企业、事业单位负责人	商业、服务业人员
专业技术人员	农、林、牧、渔、水利业生产人员
办事人员和有关人员	生产、运输设备操作人员及有关人员
军人	其他从业人员

请共同拟定一份招聘启事（3~5 个重要条件），不用考虑学历，仅考虑自身素质，什么样的人合适做这份工作。

（4）请选出你们中最符合条件的人，担任招聘官。

学生1

我选择了商业，因为我喜欢经济，对数字也很敏感，一直关注经济新闻，希望以后进行商业活动。

学生2

我选择了专家、技术人员，因为我的梦想是学习医学，可以救死扶伤，特别伟大。

学生3

我选择了政府官员和企业管理者，因为我不知道学什么，这个比较稳定，我父母也是当公务员的，所以我选择这组。

（四）被选择，了解自己的能力

（时间 10 分钟。）

请各组亮出你们的招聘条件，然后按照招聘条件进行第二次选择。招聘官根据招聘条件，留下本组符合条件的人；如果拒绝一个人，请给出一个拒绝的理由。

请选择好的同学在小组中，进行第二次讨论：

这个职业具备什么特质，承担什么义务和责任？

我具备哪些适应此职业的能力？

学生 1：我刚才面试了事务工作者这一职业，原来以为是做事的，我做事效率不错，但在招聘讨论时，我感觉太累了，要细心、与人交往能力强、有活力，这些是我的短板，我只是想做事，所以后来我换在专家、技术人员组，跟机器打交道，比人容易多了，我比较内向，这个选择更适合我。

学生 2：我坚持了自己的选择，虽然我现在离这个梦想还很远，还有很多不足，但我还年轻，还可以学很多内容，我愿意去奋斗，去改变自己，坚持梦想。

招聘会现场

（五）供求现实，了解就业规律

刚才我们选择了自己喜欢的职业，看到了自己的能力，再次进行了选择。现有还有很重要的一环——就业供求关系。请大家看几组统计数据，让大家感受一下，就业形势是多么的严峻。

根据八大行业的就业现实，我给每组分配了适量的巧克力，请根据现在你们组的人员，进行分配，现在你分到多少巧克力就代表你拥有多少就业机会、社会资源。如果人多，你分到的就少；如果人少那么你得到的就多。对于每年的就业状况也是这样，在热门的专业，人多了，也不好就业了；冷门的专业，人少了，也有就业机会。请组长按小组人数平均分配下巧克力。看着现在手里的巧克力，你还会坚持现在的选择吗？如何通过正确的方式得到更多的巧克力？

（六）总结

未来是灯塔，指引人生前进的方向，照亮人生前进的路程。通过活动，我们进行选择，收获结果；对于未来，让我们从现在出发，多点思考，多点观察，充实自己，朝着目标，积极坚定前进。今天“我的青春我做主”班会到此结束，欢迎大家继续关注职业问题，铺出我们美好的未来！

（七）学生反馈

学生1：我其实对今天的班会挺感兴趣的，自己虽然成绩不错，但是真的没有认真考虑过职业方向，自己也挺迷茫的，不清楚自己想做什么。做测试的时候尤其认真，想知道自己适合什么样的职业。自己受益挺大的，不过讨论环节时还是羞于和其他同学说，会担心自己先说了太可笑。后来主持人下来先说了自己的想法，就把我们的气氛带动起来了。

学生2：平时都忙着学习，确实没有时间关注各个职业的就业前景。如今的就业压力以及自己的这种性格使我不清楚自己到底适合干什么。我觉得这节班会课学到了很多知识，这些信息对我将来报考志愿帮助很大，同时也多了很多压力，确实意识到高三和高一、高二时不一样了。不过压力是一方面，另一方面也给了我很多动力，有了更明确的目标，而且游戏的形式，使我耳目一新，最后拿到的巧克力那么少，我觉得有些不安，以后的就业形势会很严峻。

（八）班会反思

这次班会让同学对未来有了更清晰的认识，未来更具体的呈现在眼前。同学意识到了填报志愿的重要性，在高三这个阶段大家都开始重视高考报志愿了，一旦有了目标，就要采取行动，行动就变成了实现自己目标的重要环节。准备阶段要查阅近期职业规划与志愿报考的信息，力求与时俱进。

案例 8

提高学生学习动力
——放眼人生，立足脚下

高中阶段学生面临着升学、择业等许多现实选择。高三初期学生还未进入高三状态，学习动力不高，学习效率欠佳，开此班会的目的是启发学生思考人生发展的价值和意义。

一、班会设计

1 适合对象：
高三年级学生。

2 活动时间：
高三上半学期。

3 班会目标：
① 认识生涯规划的重要性，提升生涯规划的意识。
② 学习生涯规划的方法，思考自己的人生。
③ 加强同学间的情感沟通和理解，营造欢乐的班级氛围。

4 班会重点和难点：
重点：引导学生认真思考自己的生涯，学习生涯规划的方法。
难点：扩大学生的生涯视野。

5 班会前期准备：
自制年龄卡、职业卡（人数 ×3 张）、时光机器 agingbooth 电脑版 V2.1、信封、纸、笔、班级同学的照片。

6 班会形式：
游戏 + 分享。

7 班会内容拆分：
① 热身游戏；② 编写人生故事；
③ 展示故事人生；④ 写片段，思人生；
⑤ 写规划；⑥ 授信仪式；
⑦ 学生反馈；⑧ 班会反思。

二、班会实施

（一）热身游戏

主持词：

今天我们要玩一个有趣的游戏，预测下我们的人生是什么样子的。（前期准备好两种卡片，年龄卡和职业卡。年龄卡，如 17、22、27、32、37、42、47、52、57、62、67、72、77……职业卡，如教师，医生、经理、机械师、记者、厨师、护士、自由工作者、NGO、人力资源、市场策划师……）

游戏规则：

（1）请每位学生任意抽取 3 张年龄卡和 3 张职业卡。年龄卡上的数字代表你的年龄，职业卡片代表你的职业。一张年龄卡和一张职业卡可以任意合并，代表你在这个年龄找到了这个职业。

（2）活动中，请找不同的同学玩石头剪刀布，赢的同学可以用任意一张卡片交换对方的一张卡片，输的同学要拿出所有卡片让赢的同学选择一张。活动中必须保证彼此手中至少有一张年龄卡和一张职业卡，两位同学间只能划拳一次。

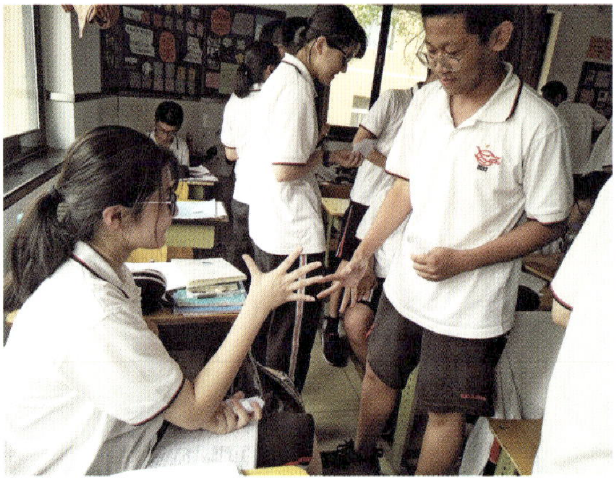

学生活动

（二）编写人生故事

请同学收集好卡片，并从中挑选出两张卡片，一张是自己希望的年龄，一张是自己喜欢的职业。

1

6个人一组，组内同学介绍自己希望的年龄与职业，并简单说说原因。

2

每组选取一名同学，详细了解他想要做的职业及年龄。其他同学，根据他的性格特点、兴趣爱好等，帮他描绘他的人生，编写一个完整的人生故事，其中要包括：一些对他有利或阻碍的事件，比如奇迹事件、低潮事件、与家庭有关的事件、与社会有关的事件……无论这个过程是怎样的，到最后一定要达到他想要的目标。希望同学们发挥想象力，创造一个内容丰富、连贯的故事。展示时间控制在3分钟以内。

3

组内挑选出的同学，利用时光机器软件，在电脑上制作自己不同年龄段的照片。

4

讨论及制作时间15分钟。

（三）展示故事人生

请各组准备好展示内容：

（1）展示：小组成员叙述组员的人生故事，该同学随着故事展示自己不同时期的照片。

（2）采访：请这位同学聊一聊自己的感受，如果这是你的人生，你觉得怎么样？

这是你心中的理想人生吗？如果是，你最满意地方是哪里？如果不是，那你心中的理想人生是什么样子的？

学生进行讨论

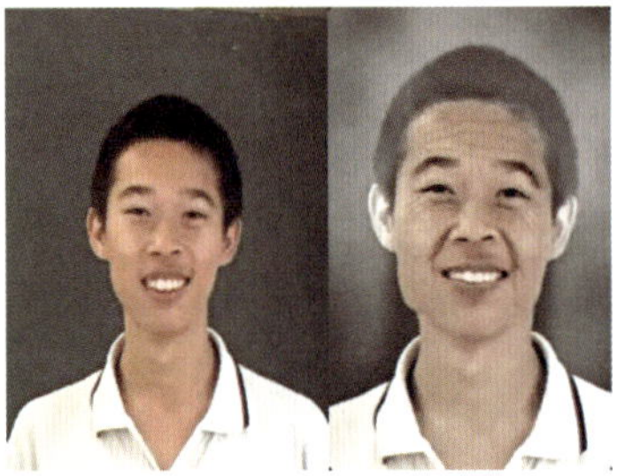

示例 PPT（学生照片）

18~24 岁：高中毕业后考入对外经济贸易大学，上大学期间参加社会公益活动，丰富自己的经验，与社会接轨。期间获得奖学金两次，用于宿舍吃喝。

25~30 岁：练出不能再棒的腹肌，把自己锻炼成一个完美的男人。与自己的大学女友从校服到婚纱，在有能力的情况下，一起步入婚姻的殿堂，后来有两个孩子，有自己的房子，80~90 平方米，假期回家带妻子儿女看望父母。

40~50 岁：好好工作，下班回家为妻子孩子做饭。晚上一起看电影。放假出去旅游。期间自己生了一次病，因为吃多了，提醒自己要注意保持健康了。

60 岁：平时在家看看报纸，学做一些以前没时间去研究的菜。在家帮忙照顾孙子、孙女。

80 岁：坐着老年代步车，与妻子一起重新走一遍曾经走过的路，重新欣赏一遍平时没来得及欣赏的风景。执子之手，与子偕老。

自我评价：大家觉得我靠谱挺好的，不过其实我也希望人生有些不一样，你们能给我写个重大事件吗，要不太平凡了。我怎么一生都没怎么努力，都是顺其自然，到最后也不知道我是干吗的，这使我不太满意。其实我觉得我是怀着一腔热血的。我对机械之类的很感兴趣，以后也希望往这方面发展，所以你们可以加入这些内容。比如在 20 多岁的时候特别努力的学习机械方面的知识，想成为一代机械大师，有几个发明之类的，甚至可以有改变世界的发明，我觉得自己还是不错的。

（四）写片段，思人生

刚才的故事，有的多姿多彩、惊心动魄，有的平凡朴实、简单舒适，有的让你满意，有的让你不满，但无论如何，谢谢大家的创意。

通过刚才的游戏，我们看到自己以后的模样和生活，那么你喜欢这个自己吗？人生故事反映了我们的梦想，我们的希望，也是我们的规划方向。

我们每个人的真实人生是什么样子？现在请思考 3 分钟，设计出 3 个梦想，和同学详细分享，你将如何做到。

想想 1 年后的自己，5 年后的自己，10 年后的自己……请拿起笔，成为你自己的主人，给自己写一个 35 岁的人生片段，这如果是日常的一天，你是怎么度过的，住在哪里，家里有哪些人，几点上班，做什么工作，和哪些人是同事，下班后做些什么，你有什么高兴的事，又有什么期待的内容，还有哪些梦想……让我们用心思考，35 岁时我的一天是什么样子的。

从现在做起，开始规划自己的人生，并落实到行动中，朝着目标前进。

（五）写规划

人生故事是我们的梦想，我们的希望，现在我们才十七八岁，我们有时间来实现或改变，因为人生握在我们手中，现在由我们自己编写！但是我们会编写吗，我们知道自己未来的方向在哪儿吗？

今天我们看到了未来的样子，从现在到未来，还有很长一段时间，在这段时间里，我们可以做些什么呢？高三来了，一直以来我们都在奋斗，从今天起，让我们向着目标奋斗，思考现在的自己和未来自己的距离，让我们更加走近自己。请拿出笔和纸，写下自己的高三计划，从现在到期末，我要做些什么来实现我的未来？请给自己写下 3~5 个规划，它可以是期末的成绩，每天的复习计划，也可以是自己坚持某件事的决心……思考好以后，请写下来，写好后，请放在信封中，等期末再开启，看看我们为未来到底做了些什么？你是否完成了你的规划？

写高三规划的参考格式：

我要做……（行动），这样我会收获……（成果）。

我要达到……（目标），我的计划是……（行动）。

（六）授信仪式

“凡事预则立，不预则废”。要想干成一件事，仔细、认真地规划是不可或缺的。同样，这样的道理也适用于我们的生活学习中，成功的人生需要正确的规划，合理规划是我们迈向成功人生的第一步，让我们拿出自己的行动，朝着未来努力！ 让我们把信封交给班主任，请班主任监督我们，帮助我们实现计划，实现理想！

授信仪式开始。

伴随着轻音乐，同学们一个个把信恭敬地交到班主任手里。梦想的入口往往很小，但它不像星星那么遥不可及，只要我们都坚守着自己的信念、信心、耐心、脚踏实地，朝着梦想去攀登，总有一天能登上成功的峰顶。让我们一起携手，记住自己的梦想，记住自己的目标，我们就能找到方向，达到目标……

（七）学生反馈

我印象最深的是给同学编故事，真的很有意思，故事虽然是随机的，但给了不同的可能性，大家根据他现在的性格、兴趣、潜能，设想他的未来，一起讨论，非常开心。下次我也想尝试下我的故事，感觉会很不一样。

1

以前做过写给未来自己的信，这次配了照片，现实感更加强了，而且看自己一年前的信，和现在的信，感觉有了变化，自己这几年成长了，也更现实了，我希望自己的目标更加明确，自己也能为之努力。

2

看到自己的未来，我很有动力，我的三个梦想有些高远，但想到可以实现，我就很开心，我很喜欢。我要朝那个方向努力，终究会有实现的一天。

3

（八）班会反思

整场班会同学参与度高、气氛热烈，特别是展示出几十年后的照片时全班沸腾。因为班会设计巧妙，同学们很用心地写着自己的规划。本次班会效果很好。

案例 9

考试焦虑大扫除

第一次模拟考试（简称"一模"）是高三学习的第一次练兵，学生和老师都很重视，易出现不自信、浮躁、无法静下心来复习等负面情绪。

一、班会设计

1 适合对象：

高三年级学生。

2 活动时间：

"一模"前夕。

3 班会目标：

① 了解考试焦虑的症状以及危害。

② 积极面对自己的焦虑。

③ 提供一些克服焦虑的办法。

4 班会重点和难点：

重点：同学们拥有乐观积极的态度。

难点：让同学们能够积极地适应考试众多的高三生活。

5 班会前期准备：

气球（每人 1 个）。

6 班会形式：

游戏 + 讨论。

7 班会内容拆分：

① 主题引入；② 介绍考试焦虑；

③ 游戏环节；④ 小组讨论；

⑤ 分享及建议；⑥ 班主任总结；

⑦ 学生反馈；⑧ 班会反思。

二、班会实施

（一）主题引入

主持词：

同学们，这节班会课，我们将学习如何克服焦虑。让我们先做个测试：0 代表不焦虑，10 代表非常焦虑，0–10 你会给现在的状态打几分？请用你的手指表示现在你的焦虑程度，几根手指代表有几分焦虑、紧张程度。

我发现许多同学通过手指表示自己处于十分焦虑的状态，那么你们焦虑的原因有哪些？

学生 1：不知道，反正就是很有压力，很紧张，怕考不好。

学生 2：我每次努力复习，但考试都不尽如人意，我也不知道该怎么办，越考试我越紧张，觉得自己什么也不会。

学生 3：我当然紧张，真的很有压力。

听到同学们说紧张，我想到了一个情景“椅子和地板”。假如地上放着一张椅子，让你坐在上面，你有什么心情，会害怕吗？

学生：“不会。”

假如把椅子放到 20 楼的高空，放得很稳，让你坐上去，你是什么心情？

学生：“紧张。”

为什么同样是一张椅子，不同的位置我们会有不同的反应呢？

学生1：因为放在高空我们会担心，万一掉下来怎么办？这个太可怕了。

学生2：我会摔得很严重，父母会受不了，我会害怕，我们有很多顾虑。

从我们的经验来看，如果没有别人的恶作剧，或自己不折腾，从椅子上掉下来的概率几乎为0。但即使知道这个事实，当我们处于高处时，我们还是会担心、害怕，因为不同的环境造就不同心理。就像"一模"，放在平时考试，也许不紧张，可换成"一模"这个词，说是统一出题、统一考试、统一评分，就紧张了。

地上的椅子

高空的椅子

（二）介绍考试焦虑

虽然高一、高二、高三都有学习、复习、考试，但压力程度却不同，高三的压力最大。为了不辜负父母的期望，为了高考考出好成绩，为了我们更美好的未来，我们比以前更努力地学习、更认真地复习，但心情却放松不下来，考试成绩起起落落，我们的心情也起起落落。和高一高二相比，现在的我们有更多的担心、焦虑和心理压力。考试焦虑开始挂在口头，那么什么是考试焦虑，有什么表现呢？

临近考试我们吃不好、睡不好，有时还会心跳加快、神经紧张，一点也看不进书；考试时出现大脑一片空白，手脚发抖、出汗等现象可能就是考试焦虑的症状；还有些同学，一到考试就感冒、发烧，考完就好了，或者一到考试就闹肚子，考完就好了，这些情况，也可能和考试焦虑有关。统计表明，

84% 的人临考前都有考前紧张、焦虑、恐慌等。

那么你觉得考试焦虑是好事还是不好的事情？

学生："不好。"

（三）游戏环节

让我们通过这个吹气球的小游戏来看一看，先请大家看看这个气球的大小，如果不吹的时候代表完全无焦虑的状态，用 0 表示；吹到最满的时候代表非常焦虑的状态，用 10 表示。让我们把焦虑吹到气球里，有多少焦虑，吹多少气。气球的大小表示焦虑大小。时间 1 分钟。当你吹好后，请把气球绕好，保持它的形状。

学生活动

气球的大小代表了焦虑大小，当球没有任何焦虑时，它的体积很小，就如没有考试时，我们不会去看书，学习效率不够高；当有焦虑进去时，它的体积开始变大，就如考试前期，我们积极看书，积极做题；当焦虑过大时，超出它的承受力，结果是：爆炸。所以当焦虑过大或过小时，我们都发挥不了最好的水平。

美国心理学家耶克斯和多德森发现，焦虑和成绩呈倒“U ”形曲线，即焦虑水平过低，不能激发学习的积极性，考试成绩不会高；而过度的焦虑和紧张，分散了注意力，即使平时成绩优异的学生也难以取得好成绩；适度的焦虑和紧张，会激发人的挑战心，有利于考生超水平的发挥。

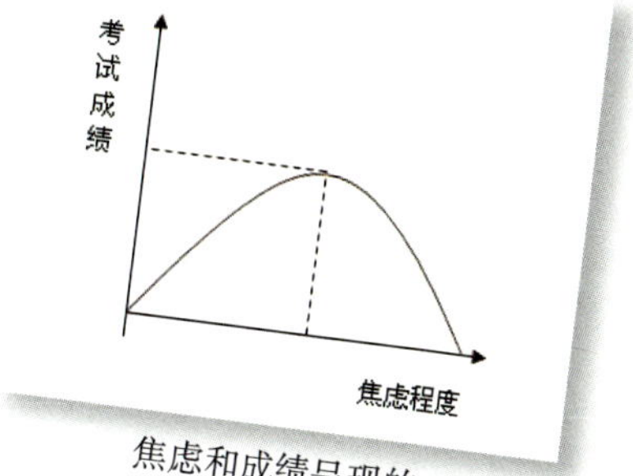

焦虑和成绩呈现的倒“U ”形曲线

（四）小组讨论

你现在的压力适不适度，每个人的标准不一样。请看着现在的气球，里面装着焦虑，你觉得多少焦虑是合适的？你有什么方法让它们回到适当的位置？气球可以通过松气的方式，让它减小，现实中的焦虑也是可以排解的，你们用过什么方法？

接下来有 5 分钟的时间，请同学们分小组讨论：在遇到考试焦虑时，你有什么好方法。

学生 1 看电影、玩游戏。

学生 2 看小说、跟好朋友说……

（五）分享及建议

大家的方法真是多种多样，有的简单粗暴，有的是温柔疗法。你可以选择适合自己的方法，我这里也提供一些有效的方法：

（1）认真学习、复习，这是你的底气。

（2）聊天或写日记。用聊天或书写的方法，表达自己的心情。

（3）欣赏音乐、体育锻炼 。这种转移注意力的方式，也能收到不错的效果。

（4）积极暗示（我很棒，我心情舒畅，我喜欢学数学，这课本太好看了，等等）。

（5）肌肉放松（紧张——放松）。

（6）白云疗法（深呼吸，想象自己躺在草地上，看着蓝天白云，非常放松）。

高三阶段，我们会遇到压力，感到焦虑……很多人都经历过和面对过这些情况，用正确的心态面对，就能顺利度过。同学也可以告诉老师，让更有经验的人帮助你。

（六）班主任总结

一只新组装好的小钟放在两只旧钟中间。两只旧钟“滴答、滴答”地走着。

其中一只旧钟对小钟说：“来吧，你也该工作了。可是我有点担心，你走完 3200 万次后，恐怕就吃不消了。”

“天哪！ 3200 万次。”小钟吃惊不已。“要我做这么大的事？办不到，办不到！”

另一只钟说：“别听它胡说八道。不用害怕，你只要每秒钟‘滴答’摆一下就行了。”

“天下哪有这样简单的事。”小钟将信将疑。“如果这样，我就试试吧。”小钟很轻松地每秒钟“滴答”一下，不知不觉中，一年过去了，它已成功地摆了 3200 万次。

做好今天，就能遇到美好的明天，在良好心态的带领下，一步一步，稳扎稳打，做好复习，相信就能取得好成绩。

（七）学生反馈

1

开始让我们想象坐在椅子上的情景非常有意思，真的引发了我的思考。确实是这样，坐在20层的高楼上，只要我自己不乱晃，我是不会掉下去的。这3年来我都认认真真的学习，面对考试真的没必要焦虑，焦虑就是自乱阵脚。

2

在吹气球的时候，好像真的感觉把自己的焦虑都吹进了气球里，自身也舒服多了。气球可以放气，我自己也可以给自己的焦虑找个出口。课上给了好多建议，我会考前使用下。

3

以前考试前特别浮躁，根本学不下去，成绩忽高忽低，有很多负面情绪，特别着急。现在才知道自己是考试焦虑了。知道病因了，以后争取克服。

（八）班会反思

在游戏环节，有一些调皮的男生刻意把气球吹爆了，逗得好多同学笑，当时场面有一些混乱，同学们笑作一团。后来及时制止，混乱只持续了一分钟，可预备志愿者维护秩序。

同学们在分享自己解决考试焦虑的方法时，有一些同学说了一些很消极的办法，老师可给一些更好的建议。

案例 10

增强学生信念，感受潜意识的巨大力量

经历了“一模”考试，有些学生期望和现实出现差距，感到付出没有收获，丧失了学习动力；有些学生感到自信心受挫，怀疑自我能力；有些学生开始对未来感到迷茫……但高三是关键时期，学生需要尽快调整状态，积极、自信、精神饱满地迎接后面的学习和考试。

一、班会设计

1 适合对象：

高三年级学生。

2 活动时间：

“一模”后。

3 班会目标：

① 看到自身的能力，提高自信。

② 学会和潜意识对话，输入正能量，培养积极向上的学习态度。

③ 在团体中，感受互相鼓励、支持的力量，培养积极的班级氛围。

4 班会重点和难点：

重点：高三时间紧张，提前告诉学生本次活动的意义，消除学生在学习中无法自拔的焦虑，以更专注的状态投入活动中，得到更多收获。

难点：让学生将活动理论内化到心中，用行动指导自己的学习、生活。

5 班会前期准备：

串绳水晶球 2 个、雪佛图 2 张、图钉 3 盒、水一瓶、纸杯 2 个。

6 班会形式：

游戏 + 分享。

7 班会内容拆分：

① 主题导入；② 水晶球游戏；

③ 图钉载水游戏；④ 设立目标和行动；

⑤ 班主任总结；⑥ 学生反馈；

⑦ 班会反思。

二、班会实施

（一）主题引入

主持词：

高三生活已经过去三分之二，经历了这 9 个月，你现在的心情怎么样，对于未来，你有什么想法？现在请各位同学体会一下你的高三生活，要求：（1）每人用一个词语来形容高三生活；（2）词语不可以重复。（思考 2 分钟。）

学生 1：高三是充实的。

学生 2：压力、时间紧、作业多、考试多……

刚才这些词语中，有积极的、有消极的、还有中性的，那么是行为带出了感受，还是感受带出了行为？让我们来看这张图：

同学们请看，这几张图有什么共同点呢？

教师 “这是谁？”

学生（讨论一阵后）“这是 X 博士。”

教师 “他有什么特殊能力么？”

学生 “心灵感应。”

教师 “那同学们想尝试一下和X博士一样具有心灵控制万物的本领吗？相信或特别希望自己也能具备这种能力的同学，请举手。”

学生 “当然想。”

（学生很好奇，开始议论，举手。）

教师 “我现在邀请两位同学，上来试一试，给我们展示强大的心灵的力量。”

（二）水晶球游戏

请两位举手的同学上台。

请台上的同学认真听我的指令，请台下的同学保持安静，仔细观察，台上的同学将用意念来控制小球的活动，不要吃惊，这是真的，做过很多次，都很成功。台上的同学请告诉自己：意念可以控制小球，我可以。

首先让我们和小球建立联系。请同学拿到球，右手大拇指和食指夹住钟摆细线的末梢，把球放在左手手心中，对自己说：“它会听我的。”并坚信这一点，闭上眼，在自己心里默默说三遍。完成之后，把球放开……让水晶球悬挂于雪佛图的正中央十字交叉点上方，固定不动，然后固定手肘和手臂的位置。

钟摆测试

第一步：请保持手臂和手肘固定不动，做个深呼吸，吸气、呼吸，请用意念控制小球，让它在 A–B 两点间来回移动。你相信，小球会在 A–B 两点间移动，你可以用意志力来控制它，你相信是的，小球会随着你的意志力在 A–B 间移动，从 A 点到 B 点，从 B 点到 A 点，（此时，水晶球会跟着在 A、B 两点间来回移动）好，非常好，它在跟随你的意志，你能用意志来控制它。从 A 点到 B 点，从 B 点到 A 点……非常好，待会我们会改变方向。（台上的同学完成水晶球 A–B 点的移动，台下的同学们觉得不可思议，凑近身子看。）

学生试验小球

第二步：现在让水晶球改变方向，从 C 点到 D 点，告诉水晶球，你的意志力让它从 C 点到 D 点，从 C 点到 D 点，它需要一点时间，但绝对可以从 C 点到 D 点，好的，有了一些移动，好的，从 C 点到 D 点，它一定能做到，很好，非常好，从 C 点到 D 点，从 C 点到 D 点，非常好。我们的难度将再次升级。（台上同学完成水晶球 C–D 点的移动。台下同学非常有兴趣地观察着。）

第三步：刚才你已经完全控制了水晶球，现在加大难度，水晶球待会将进行顺时针的移动，即从 A–C–B–D–A 的移动，你完全有能力去控制它，让它做顺时针的转动。好的，让水晶球从 A 点移动到 C 点，然后 B 点，然后 D 点，从 A 点移动到 C 点，然后 B 点，然后 D 点，好的，水晶球接收到你的信息，非常好，从 A 点移动到 C 点，然后 B 点，然后 D 点，顺时针的移动，非常好，非常好。（台上同学完成水晶球顺时针的移动，台下同学非常惊讶。）

第四步：我们现在将难度再次提高，让水晶球做逆时针的移动，即从 A–D–B–C–A 的移动，从 A 点到 D 点，到 B 点，到 C 点，到 A 点，逆时针的移动，你可以用意志来控制它，让水晶球从 A 点到 D 点，到 B 点，到 C 点，到 A 点，逆时针的移动，A 点到 D 点，到 B 点，到 C 点，到 A 点，逆时针的移动，非常好。（台上同学完成水晶球逆时针的移动，台下同学觉得不可思议。）

好的，非常好，现在让水晶球慢慢停下来，让水晶球固定在图表中央十字交叉点上时，活动结束。

好的，非常好。谢谢同学的参与。

刚才活动中，你们观察到什么？意志力对小球有着什么样的作用？在生活中，你是否也经历过心想事成的情况？

学生 1（体验者）：

我觉得刚才的体验简直 amazing，我感觉我的手臂和手腕定在那里，可是随着我意识的变化，小球或动或静，随我的意念所控制，真的有一种自己成了 X 博士的错觉，我有些相信自身的信念所带来的力量了，原来这并不是虚无缥缈的，而是可以亲身感受到的。

学生 2（观察者）：

刚刚我并没有亲身参与到这个游戏中，但这个游戏带给我的震撼丝毫不弱于带给上面做实验同学的体验，可是我还是有点不解，到底是他下意识的举动，还是真的开发出了自身的本来就有的能力，或者是老师语言的引导力，不过还是为这个活动的创意点个赞，能把自身意识和游戏结合在一起。

学生 3（观察者）：

我本来觉得自我意识、信念是个很难控制的东西，只有受过专业训练的人才能做到收放自如，没想到我们也能控制它。这让我想到，是不是以前认为比较困难的事，比如规划自己的时间，让自己从每一次考试失利的泥沼中走出来，也不是那么难呢。

揭示答案

人的意识决定小球动与不动，你的身体细胞接收到意识发出的信息，细微的细胞运动传递出让你意想不到的力量，于是你以为自己没有动，但小球运动起来。

你头脑中存在什么样的意识？它感知着哪些信息？

我们的头脑存储了大量意识，它来自身边的父母，来自周围的新闻媒体，来自老师的话语，来自每次考试的感受和成绩……最终，我们形成对自我、对未来的不同感受。如本次班会开始时，我们请同学用一个词语来形容高三生活，压力、动力、鲜花、阳光、灰色、无力？这些信息像手中的绳子一样，传递给意识，引发出行动，决定了未来的方向。所以，你现在对高三的评价，决定了你未来的方向。

建议：在今后学习时，当消极想法出现时，请立刻调整意识，积极看待，告诉自己，看到自己的能力，相信自己一定能考好。

（三）图钉载水游戏

同学们知道了意志力的重要性，可你知道自己有多少能力、多少潜力吗？让我们看下面这个实验：请一名细心的同学上台，将杯子里装满水。

请同学猜一猜，在保证水不溢出的情况下，这个杯子最大限度能放多少图钉呢？

学生 1：10 个。

学生 2：25 个。

学生 3：50 个。

……

请一位细心的同学放图钉，同学们一起来数一数：

1、2、3、4……88、89、90……120、121、122……

最后的结果比我们想象的多很多，在高三，你可能已经学得很累，有很多作业、考试，以为尽了最大能力，但你比自己想象的更强大，你可以做更多，取得更好的成绩，有没有同学可以为我们举例说明。

学生 1

上次发了很多卷子，我觉得自己肯定做不完，太多了，也没有自信能写完。我就准备放弃，但又觉得高三不能放弃，就一个一个地写，结果写完了。

学生 2

考数学，我觉得自己成绩不够好，能力不够优秀，所以只做简单的题目，但确保简单的题目能做对，结果随着简单题会的越来越多，我也能做一些中等难度的题了，结果我就取得了好成绩。

听同学说了这么多，我这里有一个故事送给大家。

2005 年，福布斯杂志评选 150 年来最伟大的 20 位运动员，罗杰·班尼斯特名列榜首。他是谁？在体育史上，有一个经典的“1 英里 4 分钟”的故事：自古希腊设立“1 英里”赛跑项目以来，没有人在 4 分钟内跑完，甚至让狮子追赶奔跑者也没能突破。于是所有运动专家用各种理论证明出：1 英里 4 分钟是人类的极限。近 2000 年来，人们一直相信这个极限。但是，20 世纪中期，牛津大学医学院的学生罗杰·班尼斯特不相信这个极限。他是个跑步爱好者，1 英里的最好成绩是 4 分 10 秒，已经非常好了。他刻苦训练，把成绩提高到 4 分 2 秒，然后发现成绩似乎无法再提高了。但他仍旧采用科学的方法刻苦训练，在 1954 年 5 月 6 日，他跑出了 3 分 59 秒 4 的成绩，突破了 4 分钟。六周之后，美国有另一个人跑出了 3 分 57 秒。第二年，跑进 4 分钟的共有 37 人，再过一年突破的人数超过 300 人。最快的约翰·沃克，3 分 49 秒 4，这说明最大的障碍在人的脑子里。

（四）设立目标和行动

如果水杯里的水表示我们现在的水平、成绩，图钉表示可能的潜力，你的未来在哪里？根据你前期的努力情况和自己后期将做的，想想可能的潜力，写下你各科的未来分数，并计算出总分。

同学们写下自己的目标。

（五）班主任总结

同学们请用 100% 的信念相信：这个分数，这个实力，你可以达到，你可以拥有。未来要靠现在来实现，你的未来靠现在的行动来实现。每天我们认真写作业、复习巩固知识、我们勤奋做笔记，接下来的 30 多天，你还要多做点什么？请在白纸背面写下你的行动，用行动支持目标的实现。

任何目标都是从行动开始，让我们朝着目标，拿出自己的行动，拿出自己的信心，每一天充满自信地生活，朝着美好的未来前进，加油。谢谢！

（六）学生反馈

活动前我觉得压力很大，自己没有自信，通过活动，我觉得未来一片光明，只要我能想到，我就能做到，我要给自己积极的意念，要更积极，非常有效。

1

课后，我问了同学，很多人把自己的预期分数都提高了很多，我也是，我希望自己能得到这个成绩。相信每天多做一点点，成绩就会越来越高。

2

我在思考我给自己的意念，进入高三，我在努力，成绩却没有提高。通过活动我发现自己虽然努力，但给自己的意念却是，我不够好，赶不上别人，我觉得这是关键。其实我比自己想象的好，我要多告诉自己：我能学习的很好，很有效，能取得我希望得到的分数。

3

（七）班会反思

积极向上，努力学习，这些道理学生都知道，如何快速、有效地提升学生的自信，需要他们自己去体验，看到真实的效果，所见即所得。这个活动中，学生们的注意力、意识一下子被调动起来，感受到潜意识的巨大力量。

在活动后，同学们还意犹未尽地讨论着。如果有更多水晶球，就能让更多同学参与体验。

高中心理活动案例

如果站立于生命的火焰之外，你只能存活而已，无法尝试生命。

体验式学习指个人是通过自身建构的知识和经验来理解世界的学习方式，它有利于培养学习者自身的感知力，增加学习者对周围人与事的情感链接，增加学习者对世界的渴望、好奇心和兴趣。

1916年杜威在《民主主义与教育》中提到：“教育即生活。生活是经验继续不断的重组和改造。”他指出学校教育应该利用现有的生活情境，让学生参与其中，获得深切体验。1984年，大卫·库伯在《体验学习：体验——学习发展的源泉》中阐释体验学习为：具体的体验——对体验的反思——形成抽象的概念——行动实验——具体的体验。20世纪90年代，柯霍南认为在体验式学习中，抽象的知识被赋予了生命和个性化的意义。20世纪90年代中期，杰维斯认为体验式学习能尊重并有意培养个人情感的意识、对新经验的开放心态、对他人的信任、倾听的能力，察觉他人情感的能力以及与他人合作的意愿。

陈经纶中学心理教育从2012年开始体验式学习的探索，给学生创设更开放的空间，让学生在过程中习得并内化沟通、合作、创造等能力，引导学生探究自我、关怀自我、发展自我，从而培养学生的服务意识、领袖精神及国际化视野。

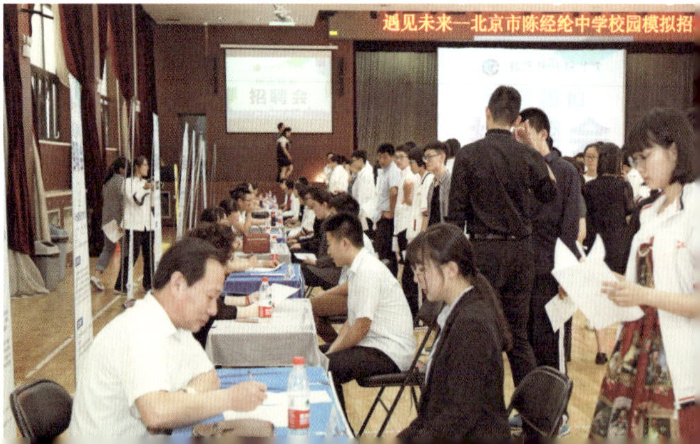

案例1

打破陌生感，初尝高中味道

初三直升班学生来自陈经纶中学不同校区，对彼此及高中既陌生又熟悉。

一、活动设计

1 适合对象：

初三年级直升班学生。

2 活动时间：

初三升高一寒假。

3 活动目标：

① 增加沟通、彼此熟悉、团体合作。

② 认识高中，为高中学习、生活做好准备。

③ 明确在高中的发展方向，形成积极向上的心态。

4 活动重点和难点：

重点：打破学生间的陌生感，让彼此有更多的交流和互动，增进团队精神。

难点：培养学生的观察、反思能力。

5 活动前期准备：

志愿者工作牌、不同味道的糖果、彩纸、笔。

6 活动形式：

游戏 + 分享。

7 活动内容拆分：

① 活动说明；② 热身活动：青蛙有几只；③ 小组展示；④ 我心中的高中味道；⑤ 真人图书馆；⑥ 活动总结；⑦ 学生反馈；⑧ 活动反思。

二、活动实施

（一）活动说明

主持词：

各位同学大家好，今天是我们初三直升班进入高中的第一次活动，让我们在活动中彼此认识、互相沟通、一起合作，体会乐趣。为保证活动的秩序，请遵守活动要求：

（1）积极参与到活动中去，融入新集体。

（2）安全第一。

（3）进行活动时，我们要控制自己的音量，因为在室内活动，请给各组留出交流的空间。

（4）在他人分享时，尊重并倾听。

（5）我们这次的志愿者是来自高中的学长们，活动中如果有不清楚的地方可以询问他们，他们是……（介绍志愿者。）

（二）热身活动：青蛙有几只

首先，用一个热身活动让我们动起来。夏天来了，荷塘中，有一种动物叫青蛙。请全体起立，听好规则：

（1）我问："荷塘青蛙有几只？"你们问："有几只？"我会回答一个数字。（2）当说到这个数的时候，请同学们找到等数的人，手牵手围成一个圈。（3）数多或者少都要受到惩罚，即做等数的深蹲起。比如我说："有5只。"表示5位同学手牵手围成圈，不能成组的同学要做5个深蹲起。

好的，请准备：

教师："荷塘青蛙有几只？"学生："有几只。"教师："有6只。"

教师："荷塘青蛙有几只？"学生："有几只。"教师："有7只。"

教师："荷塘青蛙有几只？"学生："有几只。"教师："有5只。"

教师："荷塘青蛙有几只？"学生："有几只。"教师："有4只。"
教师："荷塘青蛙有几只？"学生："有几只。"教师："有2只。"
教师："荷塘青蛙有几只？"学生："有几只。"教师："有9只。"
（最后一次。）
教师："荷塘青蛙有几只？"学生："有几只。"教师："有10只。"

（三）小组展示

（同学们每10人一组。）
请每个志愿者进入一个小组，组织组员介绍，要求如下：
（1）组员间自我介绍：我叫什么名字，来自哪个学校，我平时喜欢干什么。
（2）找一个你们组同学都喜欢的菜肴，作为组名，并用肢体表演出来。各组名字不能重复。
（3）时间15分钟。
小组展示要求：
（1）介绍小组成员。
（2）所有成员用肢体展示小组菜肴名，其他组猜。
（3）组员一起喊出小组的名字。
学生很开心的做展示，有叫糖拌西红柿的、有叫冰糖葫芦的……

（四）我心中的高中味道

我们见识了各个美味佳肴的小组，带着甜、咸、酸、辣等味道。现在请志愿者们拿出糖果，组内同学可以挑选一个口味的糖果，代表你心中的高中味道。

请在组内分享三个主题：

（1）你选了什么味道的糖果。

（2）选这个味道的原因。

（3）最后选一个有代表性的味道并写出原因，进行展示。

志愿者领取彩纸和笔，写出小组味道及原因，并分组展示。

（10 分钟后。）

请各组依次分享一下你们的高中味道。

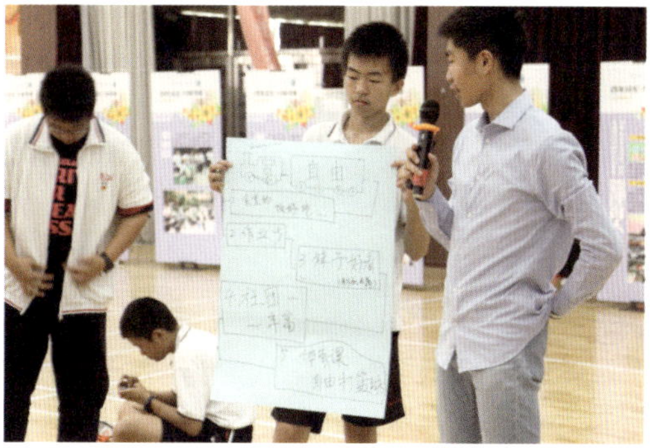

学生分享

（五）真人图书馆

进入高中，丰富的味道，给我们勾勒出一幅幅画面，真实的高中生活是什么样子？

让我们来听听刚刚经历过高一生活，最鲜活的经纶学子的想法。他们就是一直在我们身边，为我们服务的高一的学长们。刚刚经历了高一，他们有哪些体会，现在有请学长上台，为我们说一说，他心目中高一生活的味道，以及这个味道的原因。

1

志愿者 1：高一是臭豆腐味的，看着充满压力，但却有着丰富的内涵。实际中，有人厌恶它，有人喜欢它，我喜欢臭豆腐味的高一。

2 志愿者 2：高一像水一样，是无味道的。我是住宿生，每天一样的作息，早起、上课、吃饭、上课、自习、睡觉，平静、踏实，缺一不可。

3 志愿者 3：高一是巧克力味的，有浓郁的甜香，丰富的口感，让人沉醉其中，享受其中。

每个人心中的高中，因为不同的经历，不同的角度，有着不同的味道，带给我们不同的感受。现在，我们有一个机会，近距离、深入地了解我们即将到来的高中生活，名字叫“真人图书馆”。请各位同学根据刚才你听到的高中的味道，选取你感兴趣的话题，坐到某个学长周围，他将为你介绍他正在经历的独一无二的高中生活，以及印象最深刻的一件事。

要求如下

（1）各位同学，根据自己的兴趣，认真选择相应的味道坐下，一旦选择，中途不允许离开或换位置。

（2）为保证有充分的沟通和交流时间，每位学长的听众数目为 7~8 人，额满则停止进入。

（3）每次分享时间为 20 分钟，提问时间 10 分钟。

（4）活动有两轮体验时间。

真人图书馆现场（一）

真人图书馆现场（二）

第一轮选择开始……

同学们围坐在学长周围，听学长介绍高一的生活。

时间到，大家讨论得很热烈，其实刚才跟你们交流的学长们，还有一个特殊的身份——赴美交流生，在寒假，他们去美国接受了国际化教育，让我们来听听他们眼中国际化教育的样子。请再次选择，时间 20 分钟，提问 10 分钟。

同学们重新选择，倾听学长赴美交流的感受。

（六）活动总结

听了这么多鲜活的故事，同学们，高中的样子是否更加清晰？它是否是你手中糖果的味道，是否是你图画中的样子？其实它就在你身边，在你手中，由你打造。你将迈入高一的大门，带着陌生而熟悉的心情，开始高一的生活，让我们写下将在高中尝试的几件事情，让我们在未来，遇见梦想中的自己。今天的活动到此结束，谢谢。

（七）学生反馈

1

我特别开心，这是我第一次参加这种类型的活动，这个活动让我认识了许多陌生的同学，结交了很多朋友。同时通过和学长亲切的交流，我发现高一的生活是丰富多彩的，有社团、有学习、有学生会，我感到很有创意，特别期待。

2

我记得各个组的菜肴，非常有意思，同时最后的“真人图书馆”，让我从前对高中生活的许多顾虑都被打消了，学长们详尽的描述与解答让我对高中生活充满信心，我相信只要我努力，我会做得更好！

3

在这个活动中，我了解到许多高中生活的经验与感想，其中大哥哥们赴美交流的经历令我特别羡慕，我希望我在即将到来的高中生活中也能同样出类拔萃，也能得到这样的机会，十分感谢学长们的分享与教诲。

（八）活动反思

热身和小组展示中，同学们积极性特别高，现场容易失控，需要多安排一些志愿者，帮助一起维护现场秩序，让现场氛围既活泼又有序。

同学们很喜欢“真人图书馆”的活动，小群体分享的形式让他们能关注到自己感兴趣的内容，同学间的距离也更近了，有了更多交流。

案例2

熟悉高中生活，结识新朋友

高一学生刚刚进入陈经纶中学，周围的一切对他们来说都是陌生的，心理上会出现适应环境、人际等需求，需要熟悉周围的环境、结识新朋友。

一、活动设计

1 适合对象：

高一新生。

2 活动时间：

高一入校教育。

3 活动目标：

① 认识高中，了解高中的学习、生活的方式和内容，为高中做好准备。

② 培养团队精神，学习团队合作。

4 活动重点和难点：

重点：培养学生的团队精神。

难点：让学生了解高中，尽快适应。

5 活动前期准备：

志愿者工作牌，印有BINGO表格的纸数张（根据现场人数决定），气球100个，A4白纸15张，A2白纸10张，黑色记号笔，粉色、黄色的纸条数张。

6 活动形式：

游戏＋分享。

7 活动内容拆分：

① 活动说明；② 热身活动：BINGO；

③ 组内熟悉；④ 纸棒游戏；

⑤ 七彩气球；⑥ 分享感受；

⑦ 学生反馈；⑧ 活动反思。

二、活动实施

（一）活动说明

主持词：

今天我们在礼堂进行“我爱经纶，活力高一”的活动，让我们彼此认识，一起度过，这里有我的几位助手，请他们跟大家打下招呼。（志愿者介绍自己）

接下来我们将用一系列的活动来彼此熟悉，首先我要说 3 个活动规则。

活动规则

（1）请同学们积极参与。

（2）安全第一，小心地滑，注意安全。

（3）分享时候，尊重他人，倾听他人。

（二）热身活动：BINGO

我们的第一个游戏，叫 BINGO。首先，请每位同学领取纸和笔。要求是如下。

（1）请按纸上的要求，找有此特征的同学签字。要实事求是，待会儿我们会现场检验。

（2）每个人的名字在一张 BINGO 纸中，只能出现一次。

（3）谁最先集齐 16 个名字，就大声地说“BINGO！”

好的，让我们行动起来！

BINGO 表格如下。

每天早晨赖床的人	会说三国语言的人	认为自己最漂亮的人	会做斗鸡眼的人
学过武术的人	很欣赏我的	穿 37 码鞋的人	1 分钟能做 30 个俯卧撑的人
右手从右肩上方可以勾住左下方左手的人	会滑冰的人	喜欢读书的人	认为自己的学识达到天才的人
能吹口哨的人	曾由哭变笑的人	特别喜欢吃辣的人	学舞蹈 3 年以上的人
觉得我笑起来很好看的人	刚刚给我唱了生日歌的人	会游泳的人	讨厌洋葱的人

现在我要现场检验一下（老师从 BINGO 的纸上挑选一些同学进行才艺展示），比如会做斗鸡眼的人、觉得我笑起来很好看的人、能吹口哨的人、曾由哭变笑的人、1 分钟能做 30 个俯卧撑的人……

学生活动

学生表演俯卧撑

（三）组内熟悉

请志愿者把同学们分为每 10 人一组，并带领做组内介绍，帮助大家认识。

（1）记住组员的名字。（2）找出同组中人的两个共同点，一个是外在的，一个是内在的，并用肢体表现出来，向其他组做展示。（3）时间 10 分钟。

下面请每个小组进行汇报展示。

小组表演：我们都爱小兔子

（四）纸棒游戏

帮同学记名字的小游戏，规则如下。

活动规则

（1）一位同学拿着纸棒，站在中间，其他小组人员围圈站好，伸直左手。

（2）拿纸棒的同学，先叫出一个人的名字，并用纸棒打向这个同学的手。

（3）若该同学在纸棒落下前，叫出了另一个人的名字，则纸棒指向该同学，依次类推，如果该同学在纸棒落下前，没有叫出另一个人的名字，则受一棒，并由该同学站到中间，拿纸棒继续游戏。

所有同学准备好！预备！开始！

纸棒游戏

（五）七彩气球

接下来的环节叫“七彩气球”，每位同学领一张粉纸、一张黄纸。在粉纸上，请写下你希望中的高中的样子，可以是学校的建筑，也可以是老师、学生的样子……在黄纸上，请写下你觉得高中要面对的挑战或困难……想到什么就写什么，时间4分钟。

接下来每个人会领到两个气球，请将纸条分别塞到气球中去，一个气球里只能塞一个纸条，将气球吹好，并系紧。

学生进行“七彩气球”游戏

下面我们进行“1 分钟气球赛”，要求如下。

活动规则

（1）全组手拉手，齐心协力，将所有气球托在空中。

（2）气球必须高过头，必须拍动，不能用手拿气球不动，不能用脚踢气球。

（3）小组的圈不能断开。

（4）气球一旦触地或手松开，等于该小组失去此气球。

（5）时间 1 分钟，看看哪组保留的气球最多，以总数最多的为胜利。

1 分钟后，公布各组幸存气球数，并进行随机采访。

（1）活动中，你觉得最难的是什么？（2）小组做得好的地方是什么？

（3）高一的学习也是这样，有这么多功课的时候，什么也不敢落下，忙于应对，时刻谨慎，现实那么难以应对，作业多，考试多，功课多，手忙脚乱，你是否想到一些有效的方法？

学生 1：最难的是气球太多、方向不统一、非常难控制。我们组齐心协力做得不错。

学生 2：我们组采取了把几个球绑在一起的策略，这样只用盯好几个大球就可以了，增加了胜算。

学生 3：气球快落地的时，要赶紧拍上去，做事要做紧急的事。时刻关注绑着几个气球的大球，做事要抓重点，先做好重要的事。

现在请各组同学把手中的气球堆在一起，每个小组要收集 10 个粉色的纸条和 10 个黄色的纸条。归纳总结，写在大纸上，内容为两部分：一是希望中的高中的样子；二是高中要面对的挑战，让我们行动起来。

让我们一起踩爆气球，发现其中的秘密吧！

10 分钟后请每个小组派一名代表进行汇报。

小组分享

（六）分享感受

同学们，我们今天的活动到这里即将结束，活动进行了这么久，相信很多同学肯定有很多感受，现在采访几位同学，请谈谈你对未来高中的感受，以及进行的准备。（随机采访。）

（七）活动总结

希望所有同学通过这次的活动，认识自己，认识同学，认识高中，也希望同学们在高中取得满意的成绩！最后让我们拍拍左边人的肩膀说“你很棒，加油！”拍拍右边人的肩膀说“你很棒，加油！”拍拍自己的胸脯，竖起大拇指，对自己说“你很棒，加油。”本次“我爱经纶，活力高一”活动到此结束！

（八）学生反馈

1

这次的活动让我很开心，我全程参与得都很好，很积极。在活动中，我不仅结交了很多新的朋友，同时，培养了我的团队精神，让我可以和同学合作去完成任务。而且，也让我对高中充满了期待！如果还有这样的机会，我一定还要参加。如果有机会的话，希望我也能参与到活动的策划中来，想必一定会有趣！

2

我是一个比较慢热的同学，在刚开始的热身活动，包括组内熟悉的时候，我不是十分积极地参与。但是慢慢地，我就被现场那种气氛带动起来，后面参与的积极性比前期好了很多。直到活动结束的那一刻，我却有点后悔，为什么之前没有积极参与。如果还有机会的话，我还想再参与一次。

3

在本次的活动中，我算是一个汇报者的身份，每次都是我上台汇报，这是我第一次承担这样一个角色，不免有些紧张，但是每次上台之前，小组内的同学都会鼓励我，给我加油，慢慢的我就不再紧张了，同时发挥得很好，这个活动，我很喜欢。

（九）活动反思

七彩气球这个环节，前期需准备清洁工作，在弄破气球后，可以安排志愿者立刻打扫场地。

案例3

团体合作，增强班级凝集力

学生刚进入陈经纶中学，组建成新的班级，见到新环境，他们既陌生又兴奋，同时很多学生与好朋友分离，心理上会感到孤独、无伴，所以学生间需要认识，老师和学生也需要认识，这时增进了解，增加班级凝聚力、形成班级归属感，有利于学生的心理适应。

一、活动设计

1 适合对象：

高一年级师生。

2 活动时间：

高一开学后不久。

3 活动目标：

① 彼此熟悉，拉近彼此的关系，建立良好的心理联结。

② 学习团体合作，培养团体合作意识。

③ 发现同学优点，形成积极向上的班级氛围。

4 活动重点和难点：

重点：打破学生间、师生间的隔阂，调动师生积极性，让彼此有更多地交流，更好的参与活动。

难点：在活动中发现班级优点，同学优点。形成班级意识，设计班级发展蓝图。

5 活动前期准备：

志愿者工作牌、报纸 120 张、胶带 12 个、起点标志、终点标志。

6 活动形式：

游戏 + 分享。

7 活动内容拆分：

① 引入；② 热身活动；

③ 班级展示；④ 点题故事；

⑤ 主题活动：“车轮滚滚”；

⑥ 活动总结；⑦ 学生反馈；

⑧ 活动反思。

二、活动实施

（一）引入

主持词：

各位同学大家好，今天我们 6 个班级在礼堂进行“群星闪耀，携手向前”的活动，希望加深认识和了解，在活动中同心协力，共同成长。

要求是：① 融入活动；② 注意安全；③ 彼此尊重。

（二）热身活动

首先，用一个活动让我们精神起来。

待会儿我会说口香糖，你们问粘什么，我会说一个词，比如粘穿帽衫的同学，大家就要和穿帽衫的同学有接触。

好的，请准备。

教师：“口香糖。”

同学：“粘什么？”教师：“粘戴眼镜的。”

教师：“口香糖。”

同学：“粘什么？”教师：“粘穿白鞋的。”

教师：“口香糖。”

同学：“粘什么？”教师：“左手粘右耳。”

教师：“口香糖。”

同学：“粘什么？”教师：“粘 3 个鼻子。”

教师：“口香糖。”

同学：“粘什么？”教师：“粘 7 只手。”

教师：“口香糖。”

同学：“粘什么？”教师：“粘 12 个腰。”

学生在此环节，玩得特别开心，彼此关系拉近很多。

粘手指

（三）班级展示

下面我们将认识班级，要求如下。

活动规则

（1）请每班找一首歌曲中含班号或班号谐音的歌曲，全班唱出来。

（2）全体同学参与，全班用肢体做一个班级人偶，并说明原因，这个人偶要有腿、手、脚等，请根据同学特点把同学安排在人偶各个部分上，比如有人动手能力强，可以把他放在人偶手的部分；有人头脑聪明，可以把他放在人偶头的部分。

（3）人偶可以选择任何动作，比如，飞天、跳高、躺着……代表现阶段班级的状态，欢迎各种创意。

（4）展示集体人偶造型，并说明含义。

（5）时间 10 分钟。

班级讨论，并进行造型。现场氛围活泼，热烈。

班级造型（一）

班级造型（二）

（四）点题故事

我们见识了有特色的造型，认识了丰富多彩的高一年级，现在来听一个名叫“魔法石”的故事。

有一个新组建的村庄，里面住着几十户居民，邻里间并不熟悉。一天，一位老人举着一块石头，对村庄的居民说：“我有一颗魔法石，把它放入煮开的水中，水就会立刻变成美味的汤，我可以当场煮给你们喝。”大家想见识一下这颗魔法石，于是有人搬来了炉子，有人拿来米，有人提来水和柴，就在村口煮了起来。待水煮开了，老人很小心地将石头放进水中，然后用汤匙尝了一下，很兴奋地说：“味道太美了！但如果加点盐，会更好喝的。”于是就有人飞快地从家里取了盐来。老人又尝了一下：“太棒了，如果再放点肉片就更香了。”立刻有人取来了肉片。“要是再放点蔬菜，那肯定是天底下最美好的汤了。”老人又建议说。就这样，又有人拿来了调料，拿来了葱，拿来了味精……当大家一起围着锅开始享用时，他们发现这真的是天底下最好的汤。

待汤喝完的时候，老人拿着石头说：“这其实只是一块我在村口捡的普通的石头，当大家相互团结协作时，生活就会变得更加有滋有味，并且会创造出无数的奇迹！”

（五）主题活动：“车轮滚滚”

刚才的故事和团结协作有关，接下来我们会玩一个游戏，叫“车轮滚滚”，希望每位同学奉献自己的力量，同心协力。具体规则如下。

（1）每班 2 组，每组 18 人，剩余同学为监督员。

（2）每组需要制作运输带，把全组人员从起点运送到终点。

（3）每组制作运输带的工具为：15 张报纸、一个胶带、一把剪刀。

（4）活动中所有人员只能通过运输带运送，运输中小组成员必须站在运输带上，双脚不可以踩到圆环履带以外的地面。如脚不在运输带上，需停留 1 分钟作为惩罚。

（5）途中运输带被破坏或断裂，请立即停止，派两人为修补员，离开运输带进行修补，其他组员双脚需在运输带上，修好后方可继续前行。

“车轮滚滚”活动

（六）小组讨论

请各班按班级围圈坐好，讨论下面的主题，鼓励每个同学都来表达自己的想法：

（1）活动中，给你留下的印象最深刻的是哪些环节，哪个同学？他们有什么具体表现？

（2）作为班级中的一份子，你和同学准备做哪些努力来打造班级。

分享时间 20 分钟，最后请小组展示。

时间到，请各班派一个代表展示成果。

学生发言

（七）活动总结

今天我们完成了“口香糖”的活动，看到了每个班级造型展示，认识了各有特点的高一班级。在“车轮滚滚”中，体会到班级的力量，通过讨论，发现了每位同学的能力和奉献精神，看到班级的未来。在活动结束前，让我们再想一想打造一个团结的班级，需要什么要素？请用一个词表达出你对班级的理解。

同学围圈表达：“班级是永不放弃”“班级是奉献”……

一个人走得快，一群人走得远，每个人都有自己独一无二的才智。班级是孕育一群人才智的沃土，在高中时光中，让我们一起朝着梦想，携手前进。谢谢大家的参与，“群星闪耀，携手向前”活动到此结束。

（学生鼓掌。）

（八）学生反馈

1

这是我第一次参加这种类型的活动，特别开心，这个活动让我更加了解了同学，有些平时不熟悉的同学，在这次活动中帮助出点子，调集同学，特别积极热情，我觉得以后有活动可以听听她们的建议。

2

活动中，我开始并不积极，觉得这是什么呀，闹腾腾的，大家全疯玩。但以前不太熟的同学，热情的跟我打招呼，要我一起参与，我被带动起来，感觉以后的高中生活，除了学习，还有活动，是很丰富多彩的，很值得期待。

3

在“车轮滚滚”活动中，我做了领导者的角色，开始我还有些不好意思，因为是新组建的班级，彼此不熟悉，但看到大家都比较腼腆，都不太说话，我刚好有一个好点子，就尝试地说了出来，结果大吃一惊，很多同学都耐心地听，并且积极配合，这个活动让我们彼此的沟通多了，彼此的关系近了，我很喜欢。

（九）活动反思

“车轮滚滚”活动前期准备报纸，需要按照学生的身高、体重来决定，不要太多，也不要太少。报纸太多，学生容易通过，降低了难度，报纸太少学生感觉困难，容易产生挫败感，所以老师准备前可以试一试，按学生较挤情况下可以行走的长度发放报纸即可。

活动中，学生可能不经思考，拿起报纸就做。志愿者可适当提示组员想一想，如何计划这些报纸，如何做最保险，引导他们先思考，做计划，再实施。

案例4

帮助学生建立和谐的亲子关系

这个阶段的学生处于心理上脱离父母的“断乳期”，自我意识明显增强，独立思考和处理事物的能力不断提升，在行为上表现出强烈的自主性，迫切希望从父母的束缚中解放出来，于是很多家庭出现父母与孩子交流困难的情况。希望本次活动营造出和谐的氛围，让父母与子女有更多交流。

一、活动设计

1 适合对象：

高一、高二学生和家长。

2 活动时间：

高一、高二期间。

3 活动目标：

① 家长与孩子彼此沟通，有更深入的了解，建立和谐的亲子关系。

② 家长、孩子与校方共同携手，促进孩子健康成长。

4 活动重点和难点：

重点：让学生愿意与父母进行沟通，并表达情感。

难点：鼓励家长积极参与活动，与孩子一起完成任务，看到孩子的成长，实现平等沟通。

5 活动前期准备：

大小呼啦圈各 26 个，拼图的画板 12 副，鲜花 300 枝，画布 1 大张，画笔 200 只。

6 活动形式：

游戏 + 分享。

7 活动内容拆分：

① 热身活动；② 团队活动；

③ 主题活动：盲行、感恩；

④ 活动总结：画出梦想；

⑤ 学生反馈；⑥ 活动反思。

二、活动实施

（一）热身活动

主持词：

各位同学，各位家长，各位老师， 大家好！欢迎参加“爱相随，长相依”亲子活动，让我们通过今天的活动，有更多交流、更多快乐。

活动规则

（1）按进场时拿到的纸条颜色进入同色的小组。

（2）进入小组后，围成一个圈，进行自我介绍。

（3）自我介绍的内容是：介绍自己的名字，并给名字加个造型。

（4）组内自我介绍完毕，选一个最有特点的名字和造型，全组模仿，并在全场展示。

（5）时间 20 分钟。

小组活动

（二）团队活动

1. 传递呼啦圈

脑力好，是一好，体力好，才是好。接下来的活动叫“传递呼啦圈”。

初级版规则：

活动规则

（1）每组队员围成一圈，手拉手。（2）把 1 个呼啦圈套在其中一个队员的胳膊上。（3）在不松手的情况下，让呼啦圈在组内快速的传递 5 圈。

呼啦圈游戏（一）

升级版规则：

活动规则

（1）小组成员手拉手，围成一圈。（2）将大小两个呼啦圈套在同一队员的左右胳膊上，沿两个相反方向传递两个呼啦圈。（3）两个呼啦圈在组内绕 5 圈。

吹哨开始游戏，看哪个小组最快完成。

呼啦圈游戏（二）

大家速度很快，不到几分钟就完成了任务，手牵手的活动让彼此间的关系更近了。请给自己一个掌声，并给左右的队友一份由衷的赞美，竖起大拇指，告诉他：“你刚才太棒了，我们配合得非常棒。”

大小呼啦圈

组内分享

2. 大拼图

接下来是考验团队协作的活动——“大拼图”。

活动规则

（1）各组派一名队员到物资处领取袋子，里面有各式各样的拼图。

（2）当主持人讲到“开始”时，请将图放到地上，进行选择与拼凑，可以和其他组交换、协商，请各组尽力完成拼图。

（3）完成拼图的小组，请拿着拼图来到舞台上，在麦克风前喊出：“我们组完成了！大家加油。”

（4）注意事项：因现场人员较多，拼图较多，请成员注意自身安全，同时在与其他组协商拼图时，注意文明礼貌。

游戏开始。

各组成员开始拼图、沟通。组员发现：在拼图中，光靠自己、本组无法完成任务，必须与人协作，帮助别人，接受别人的帮助，才能完成。

拼图游戏

拼图展示

（三）主题活动：盲行、感恩

在激烈的呼啦圈、拼图游戏后，让我们安静自己的心，想想刚才发生的事情，我们不是一个人生活在世界上，我们需要团队，需要其他人的帮助，而从小到大，在我们身边也一直存在着无私帮助我们的人。他们就是我们的父母，现在请父母出列，工作人员为他们系上眼罩，请他们的孩子站在他们身边。请听游戏规则。

活动规则

（1）父母戴着眼罩，孩子在整个环节中引导父母渡过一道道难关。

（2）整个过程中，可以用语言来沟通，可以牵手，可以用你想到的一切方式。因为父母被蒙上了眼睛，请孩子多关注家长的安全，细心地告诉父母前面会遇到什么，比如障碍物有多高、多宽，越细致越好。

（3）活动安全第一，不追求速度。

活动开始，现场布置了小桥、蜿蜒的路、台阶等障碍，父母被蒙住了眼睛，孩子们很小心的引导着父母走路。

在盲行期间，伴随轻柔的音乐，读以下文字：“小时候，父母帮助我们，一步步学习走路，他们的双手握着我的双手，他们的身体靠着我的身体，他们不断鼓励我，微笑地看着我，一次次我跌倒，父母心疼，却还是要放手，因为只有尝试我才能学会行走。慢慢的，我上了幼儿园，还记得第一次父母不忍离去的背影，自己哭着大声喊叫，父母也哭了。记得我上了小学，父母给我买来新书包，灯光下为我包书皮。后来我上了初中，有了小伙伴，与父母的交流少了，但爱一直都在，初三是最难熬的一年，父母早上送我上学，晚上等我睡了才睡觉。 高中了，我开始有了自己的小秘密，面对父母专注的眼神，我一直躲闪，没有回应，想想多久没有仔细看过父母了，不知不觉中，他们开始有了白发，皱纹也渐渐增多，身体也开始发福了。一直以来你们在操劳，为家庭付出，为我付出，这一刻，当我握着你的手，当你开始依靠我时，爸爸妈妈，我明白了爱的意义，我很心疼你们！亲爱的爸爸妈妈，请相信我，我已经长大，我会学习着爱你们，照顾你们，请放心地把手交给我，我们一起走过高中岁月，走过人生的春夏秋冬，我爱你们……”

最后一段路，请志愿者给孩子们送上玫瑰，献给家长。

在活动中，父母与子女的沟通渐渐增多。

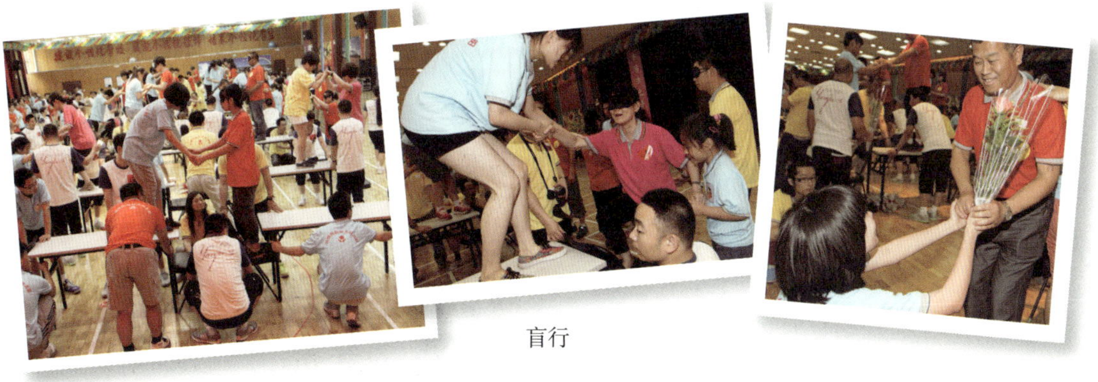

盲行

送到终点后，家长摘下眼罩，看到孩子、看到玫瑰，非常激动，家长的手紧紧抓着孩子的手。

孩子把家长护送过来后，请双方拉住对方的手，用 10 分钟的时间，彼此沟通。

（沟通区：暗光，闭眼，拉手，相互表达。）

沟通分享：

（1）请父母说出感受，并说出刚才在行走中孩子打动你的一个行为。

（2）请孩子说出你对父母的感受，父母让你最感动的一件事。

孩子和父母抱在一起，紧紧相拥。

送花

（四）活动总结：画出梦想

因为我们有共同的血脉在生命中流淌，因为我们是父母儿女，未来我们也将一起打造。请所有家庭，在巨幅画布上，共同创造出未来的梦想画面，并请签下自己的名字。我们将会永久保留，见证你实现梦想。（时间 15 分钟）

活动会结束，但爱永不落幕，这只是一个起点，今后我们将有更多的机会彼此了解、沟通，打开心扉，在人生道路上，感恩有你。让我们把爱放在行动中、关怀中，用语言、用行动表达出来，人生有你更美好，“爱相随，长相依”亲子活动到此结束！

画出梦想

（五）学生反馈

1

我特别开心，这是我第一次参加这种类型的活动。这个活动让我懂得了感恩，让我回忆起许多父母让我感动的事，明白父母对我的爱。作为他们的孩子，我有义务担起他们的希望与未来，我会为实现我的梦想与我父母对我的期望加倍努力。

2

我印象最深的是我带妈妈走路的环节，开始想着很简单，但实际操作的时候，发现妈妈行动不是那么灵活。我也很担心，上台阶、过桥之类的，我就想以前小时候，妈妈也是这样对我的吧，想着想着，我就哭了，说话声音有些颤抖，妈妈可能发现了，她就更紧的抓住我的手，我感受到力量，感受被信任，特别感动。

3

以前孩子回家不太爱说话，直接进自己的屋子，把门关着，不跟我们沟通。这次活动，孩子跟我们分享了很多，聊了很多，我们明白他有多爱我们，真的，感觉自己的孩子一下子长大了，懂事了。

（六）活动反思

开始进行自我介绍互动与拼图时，有些家长、孩子放不开，可多安排志愿者调动气氛。

在盲行活动中，人较多，志愿者秩序意识要强，积极观察引导，保证活动有序进行。

活动现场

案例5

帮助学生实现高一高二平稳过渡

高一学生即将进入高二阶段。这是高中分化的时期，有些学生对未来产生迷茫，有些学生开始努力学习，有些学生开始出现情感问题，学生在这个时期建立目标，良好的人际关系，积极、乐观的健康心态，具有重要意义。

一、活动设计

1 适合对象：

高一年级师生。

2 活动时间：

高一、高二衔接期。

3 活动目标：

① 树立目标，为高二做好准备。
② 看到自己的优势、肯定自己。
③ 增加同学间的沟通和交流，建立年级凝聚力。

4 活动重点和难点：

重点：活动中，让学生看到自己的力量，同时继续为自己的成长努力。
难点：增加团体凝聚力。

5 活动前期准备：

志愿者工作牌、引入活动的标签、12 盒画笔、白纸、PPT、音响设备。

6 活动形式：

游戏 + 分享。

7 活动内容拆分：

① 热身活动；② “比一比”活动；
③ 主题活动：“一笔一画”；
④ 分享；⑤ 短剧表演；⑥ 活动总结；
⑦ 学生反馈；⑧ 活动反思。

二、活动实施

（一）热身活动

主持词：

各位同学好，今天我们 12 个班级将在礼堂进行“拥抱现在，精彩成长”心理活动，希望今天的活动有你的积极参与，让我们在活动中见证彼此的成长。

在游戏中，有个词叫“晋级”，今天游戏的名字也叫“晋级”。这里有四个角色：小强、小鸡、猩猩、人。

小强是蹲下，手指放在头上；小鸡是半蹲，手指在身体两侧；猩猩是站着，手放在胸前；人是站立，双手叉腰。

游戏规则如下。

小强

小鸡

猩猩

活动规则

（1）最开始，所有人都是小强。

（2）然后，两个人划拳，剪刀、石头、布，一局定输赢，输的人还是小强，赢的人晋级成为小鸡，然后同级猜拳，即小鸡与小鸡猜拳，赢的成为猩猩，输的退化为小强，然后猩猩和猩猩划拳，赢的进化成人，到我这里报道，并用话筒跟大家说“我成人了”。

（3）同级只能找同级划拳，赢了的晋级，输的退一级。

请所有人围成一个大圈，游戏正式开始！

很欢乐的游戏，还有3位同学剩下了，通过他们的动作，我们猜猜他们是什么。请剩下的同学告诉我们，在这个成长的游戏中，你觉得成长中需要什么？

晋级："猩猩比拼"

晋级："小鸡比拼"

1 学生

成长需要坚持。

2 学生

需要不断面对挫折。

3 学生

需要乐观、需要认真学习……

（二）"比一比"活动

请按班级坐好，下面是见证高一年级实力的时间到了。

游戏规则如下。

（1）每班选一名同学进行比赛，活动中不允许同一个人上来2次。

（2）第一个上来的同学抽取比赛题目，确认比赛项目。

（3）5秒钟内，若本组无同学上场算为弃权。

比一比：谁会的外语种类多

比一比：谁的袜子长

准备标签：① 手臂最长的；② 声音最大的；③ 会多门外语的；④ 参加社团数最多的；⑤ 口袋东西最多的；⑥ 今年上台演出最多的；⑦ 眼镜度数最高的；⑧ 志愿服务小时数最多的；⑨ 走读生中家最远的；⑩ 会跳最多民族舞的 ……

谢谢同学们！刚才的比赛，给我们带来了无数的欢乐，每个人都是那么有特点，还有这么多才能，让我们把掌声送给我们自己。

（三）主题活动：“一笔一画”

我们是有特点的，我们的班级也是有特点的，这个活动的名字叫“一笔一画”，我们会用 5 分钟来热身。

（1）每个人都要参与，每人领取一支笔。

（2）每人每次只能画一笔，就是起笔和落笔画一条线，如果你不小心点了个点，起笔了，也属于一笔。

（3）画完一笔后，返回小组，下一个同学在图上画下一笔。

（4）想到什么画什么，鼓励创意。

（5）过程中不允许讨论。

（6）时间 5 分钟。

“一笔一画”活动

活动结束后，提问：

你在画什么？大家在画什么？

学生 1：我不知道。

学生 2：可能是树。

刚进班级时，我们彼此不熟悉，就像这张纸，没有沟通过，不知道彼此的脾气、秉性、想法、特长，我们每个人做自己的事，却不是一个整体。高一学期末，我们相处了一年，一起参加了运动会，参加了合唱比赛，举办了班级义卖，认识了彼此，形成了班级。

下面我们将再画一张图，主题是：画班级树，并在图中画上自己的位置。

活动规则

（1）3 分钟的讨论时间，商量画什么，时间结束，立刻进入绘画区。

（2）每人每次只能画一笔，每个人都要画，在有限的时间内必须画好树和自己的形象。

（3）自己可以是符号标志，可以是小人，可以是姓名，都可以，同时你要画出自己的位置。

（4）还可以画其他的内容，按想象来，想画什么都可以。

（5）绘画时间 5 分钟。

好的，讨论 3 分钟，即将开始。

等候的同学

班级图

（四）分享

（1）班级形象是什么，你的位置在哪里？和你想的有什么异同？

（2）联系实际，你觉得这个人和这个树的位置和生活中你和班级的位置有什么相似之处？

（3）你希望一年后自己和班级会发展成什么样子？

（分享时间 20 分钟。）

班级分享

等同学分享结束后，给同学发纸条，“写给老师的话”：明年我想在班级中奉献哪方面的力量。时间 2 分钟。

请各组选一位同学发言，为我们介绍：

（1）我们班画了什么，以及选择它的原因。

（2）我们希望两年后的班级会发展成什么样子？

（五）短剧表演

谢谢同学们！班级让我们有这么多期待，每个班级都充满希望，要达到这个目标，我们需哪些准备呢？

短剧表演一：小白和小明是一对好朋友，小白告诉小明："高二我要参加心理社团、合唱团、书画社，你呢？"小明说："学习那么忙，哪有时间参加社团。"于是小白参加社团，交到了很多好朋友，天天很忙，成绩不是很理想；小明也很忙，天天专注学习，成绩越来越好。有次小明对小白说："作为好朋友，我必须告诉你，你忙社团，成绩顾不上，以后会落得越来越远的。"小白觉得小明没给自己面子，很生气，于是说："成绩高三就会赶上，但你只知道学，连个朋友都没有，失去太多了，我不能这么过。"这次交谈后，两人关系越来越远。

看表演中

短剧表演二：一天，晨晨学累了，开始玩电脑，妈妈看到了，批评说："又玩电脑，天天就知道玩，离高考还有一年时间，都不着急，以后怎么办。"还强行收走了电脑，晨晨很生气，决定不理睬她。

思考：我们的高二该如何度过呢？

老师或师长给建议：

（1）学习、活动上，承上启下：高二是学校活动的主力，但学业负担加重，要学会时间分配，学会选择。

（2）心理上，觉察自我：随着身体的发育，我们的情绪系统也在急速发育，于是出现情绪上的不稳定，急躁、发脾气的现象增多。这时自己适度控制，当察觉脾气不好的时候，先从 1 数到 100，然后再说话。我们的独立意识增强，很多事情可以自己做主，也希望别人听到自己的声音，于是有时候会打断或不听别人讲话，特别是不想听父母的话，这时候要提醒自己，尊重别人，先听别人表达，然后再自己表达。

（六）活动总结

成长是一条向前的路，没有后退。高中是我们成长中的一个重要阶段，从小强到成人真的不容易，有困难，有倒退，但终会前进。

经过一年的学习，我们迎来了精彩的高二生活，让我们带着希望，憧憬接下来的时光，快乐成长，今天的活动到此结束。

（七）学生反馈

1

在画班级树的环节，同学们很有默契，我们一起设计，感觉熟悉了很多，很有意思。大家留了一个位置给班主任，就是树顶的位置，这个没有商量，是默契。

2

我印象很深的是比一比，认识了同学的更多面，以前我觉得自己家远，上学辛苦，但这次发现和他们比，还有比我更远的，我的辛苦不值一提。

3

我喜欢开始晋级的游戏，虽然我一直没变成“人”，但体会到成长的不容易。最后只剩下几个人，我可以作弊，但我选择为自己的成长负责，所以真诚面对，我觉得做这种活动最重要的还是活动时的气氛和大家的积极性，这次很开心。

（八）活动反思

“比一比”环节可以联系本学期的情况，进行贴近生活的设计，促进学生的了解。

在“一笔一画”游戏中，有些班级画得比较快，可通过增大纸张尺寸，增加眼罩，增加难度。通过集体协作，让同学体会班级遇到困难时，我们要一起努力，共同克服。

案例6

用智慧规划高中生活

高二学生对学校环境熟悉，更多的参与学校活动，并且成为主力，这时他们有更多同伴交往的需求，同时，文理分科，新同学进入新班级，也有融入团队的需要，开学初期的团建活动非常重要。

一、活动设计

1 适合对象：

高二年级学生。

2 活动时间：

高二年级上学期。

3 活动目标：

① 创设条件，增进同学间的协作，更多的沟通和交流。

② 增加班级归属感，认识到自身在班级中的价值。

③ 让学生用智慧规划高二。

4 活动重点和难点：

重点：增进熟悉，增加亲切感。

难点：鼓励学生思考目标，设立方向。

5 活动前期准备：

志愿者工作牌、绳子、乒乓球 100 个、筷子 20 双。

6 活动形式：

游戏 + 分享。

7 活动内容拆分：

① 引入；② 热身活动；

③ 主题活动一：“我说你做”；

④ 主题活动二：“球行万里”；

⑤ 活动总结（故事分享）；

⑥ 学生反馈；⑦ 活动反思。

二、活动实施

（一）引入

主持词：

各位同学大家好，今天我们高二年级将在礼堂里进行“痛并快乐，我爱高二”心理活动，希望通过今天的活动，加深大家彼此之间的认识和了解，让新组建的班级更有凝聚力。

心理活动现场

（二）热身活动

请大家想象一下，如果你在一片大海上，游了很久，很久，忽然发现前面有几块陆地，你会有什么动作？

学生：我特别开心，立刻游过去，歇会儿。

今天我们的题目是“大海求生”，现场放了一些绳圈，代表陆地，没有绳圈的地方代表大海，请尽可能让自己站在陆地上。

每个班最开始有 3 个绳圈，随后会逐步减少到 2 个，1 个。请同学们仔细观察，积极行动。

活动规则

（1）在圈里的人表示站在陆地上，圈外的人表示落水，一旦落水则被出局，不可以再次进入绳圈。

（2）每次开始到结束，只有 1 分钟，请尽量帮助你的同伴站在陆地上。

（3）最后统计每个班在最后绳圈中的人数，图中人数最多的班级获胜。

（三）主题活动一：“我说你做”

恭喜获胜的班级，一个小圈居然能站 17 人，下面是更有意思的活动，叫“听指令，我就做”，请全班同学围成一圈，并从 1 开始报数，请每位同学记住自己的号码和你旁边同学的号码。

同学：1、2、3、4、5、6、7、8、9、10、11、12……请报数。

规则是：我会随意报一些数字，请报该数字的同学，迅速出列，并做相应的动作。预备，开始。

请数为 2、12、22、32、42 的同学，现场疯狂的蹦 10 下。

请数为 6、16、26、36 的同学，盯住左边人的眼睛，微笑地看 1 分钟。

请数为 3、13、23、33 的同学对右边第二个同学，握手说：“兄弟，你辛苦了。”

请数为 1、21 的同学被全组同学抬起来，像英雄一样，绕场一周。

请数为 8、11、31、18、28、38 的同学，对班主任，说：“老班，我好爱你。”

请数为 4、14、24、34 的同学，用身体摆出数字“4”。

请数为 5、15、25、35 的同学，走到圈中，自信地告诉大家：“你们好，我是最美、最帅的，请鼓掌。”

请数为 7、17、27、37 的同学，拍拍全班最高同学的肩膀说：“我比你高。”

请数为 9、10、19、20、29、30 的同学，召集全班同学，围一个大圈，坐下来。

“我说你做”活动

（四）主题活动二“球行万里”

通过刚才的活动，我们笑声不断，气氛非常融洽。接下来就考考同学们的协作力。这个活动叫“球行万里”，即用书传递乒乓球。活动规则如下。

活动规则

（1）每班 3 组，每组 10 人。

（2）负责传递的同学排成一列，每个人手中拿一本书，搭建出乒乓球的传递路线。球到下一位队员的书上，该队员迅速排到队伍末端，继续传送前面队员传来的球，直到球安全的到达指定的目的地为止。

（3）球必须在书上传递，不能静止，不能用手碰球，凡让球静止或用手碰触乒乓球或乒乓球落地的，请回到原地重新再来。

（4）最后清点筐中的乒乓球数目，各组合并统计出班级总数。

（5）讨论时间 2 分钟，比赛时间 10 分钟，收集最多球的班级获胜。

球行万里预备式

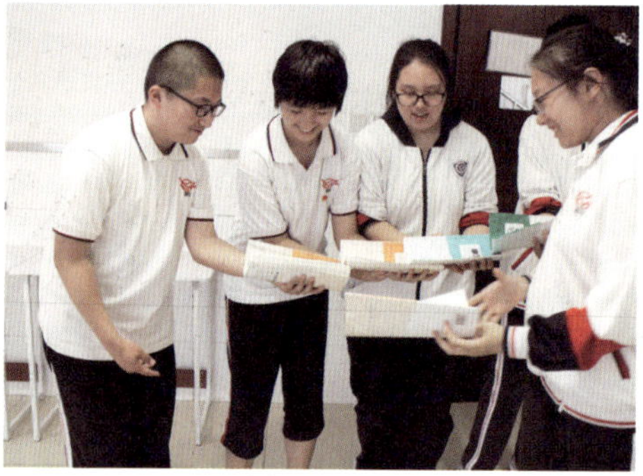

球行万里活动式

2 分钟讨论时间很快就结束了。不知道各位有什么策略。现在我们就要进入实战。预备，乒乓球运输赛，正式开始。

虽然各班最后的分数各不相同，游戏中我看到每位同学都很认真地在为自己的班级努力付出。现在我想采访一下同学。

刚才同学们忙着传球，如同我们高二繁忙的学习生活，我们学习知识，最终希望多些成果。在这个过程中，一方面很忙，另一方面也需要用智慧来面对，达到最好的效果。

小组分享

采访

（1）现在你的感受是什么？

学生：感觉很累，气喘吁吁、热……

（2）如果球代表高二学习、活动、任务、各种忙的事情，你刚才的表现代表高二的状态，你觉得有什么相似之处，你会如何评价，为什么？

学生：高二学习事情多，手忙脚乱，有学业上的事情，如会考等，还有社团活动、校内活动，我会很忙。以前我没有意识到，这个活动让我意识到：必须从现在开始学习如何合理分配时间了。

（3）如何智慧面对高二？在学习上、生活上有哪些建议和策略？

学生：保住重要的事情，一定要有目标、有智慧地处理事情。要理性思考，合理规划。

（五）活动总结（故事分享）

每位同学都分享得很好，我也有一个故事想要分享给大家：

1952年7月4日清晨，加利福尼亚海岸下起了浓雾。在海岸以西21英里的卡塔林纳岛上，一个43岁的女人准备从太平洋游向加州海岸。她叫费罗伦丝·查德威克。

那天早晨雾很大，海水冻得她身体发麻，她几乎看不到护送她的船。时间一个小时一个小时地过去了，千千万万人在电视上看着。有几次，鲨鱼靠近她了，被人吓跑了。

15个小时之后，她很累，并冻得发麻。她知道自己不能再游了，就叫人拉她上船。她的母亲和教练在另一条船上。他们都告诉她离海岸很近了，叫她不要放弃。但她朝加州海岸望去，除了浓雾什么也看不到。

人们拉她上船的地点，离加州海岸只有半英里！后来她说，令她半途而废的不是疲劳，也不是寒冷，而是因为她在浓雾中看不到目标。查德威克小姐一生中就只有这一次没有坚持到底。

所以，越忙越要想策略。首先设定明确的方向，才能使人充分了解自己每一个行为所产生的效果，使自己知道什么是最重要的事情，有助于合理安排时间；其次清晰地评估每一个行为的进展，正面检讨每一个行为的效率；最后看到结果，稳定心情，产生持续的信心、热情与动力。

现在请写下高二想完成的目标，然后按阶段性进行，让自己每天进步一点点，一步步达到自己的目标。

最后请对你左右的朋友说：“恭喜你，今天设立的目标，未来你一定能实现。”

（六）学生反馈

1

很愉快地完成了这次活动，感觉环节比较少，还没玩尽兴就结束了，这点有些遗憾，其他的都很好。尤其是运输乒乓球的环节，一直跑，虽然有点累但很开心。感觉这才是真正的做活动，而不是木然地坐着听着什么心灵鸡汤。我觉得这种形式的活动更适合每天要在教室里坐几个小时的我们。

2

刚开始我觉得在繁重的学业中抽时间来参加这种活动很浪费时间，有这个时间，我可能都已经把今天的作业写完了。但活动结束，我觉得酣畅淋漓，很久没这么紧张和快乐了。可能自己最近被学业压得有些厉害，都没有关注到周围的同学，这次感觉同学间的连接又紧密起来，多了人与人之间的感情沟通，我觉得很好。

3

现在我对高二又有了一些了解，运送乒乓球，自己手忙脚乱，和平时的状态特别像。这让我反思，自己每次有事就做，最后却什么都做不好，如果每次事先有个计划，有个策略，就不会这样了。

（七）活动反思

活动的游戏规则一定要说清楚明白，尤其对一些之前可能没接触过此类游戏的学生，对于程序复杂的游戏可以请志愿者演示。

乒乓球活动学生跑动较多，再加之落地的乒乓球随地乱滚，活动的地面又较滑，要强调安全。同时这个环节时，场面会较乱，可以让班级间选专人对竞争班进行监督。

案例7

缓解学习压力，感受班级温暖

高三上学期学习压力增大，有些学生出现缺乏学习动力的情况，班级中同学沟通减少，彼此关系减淡，这时需要借助团体的力量，调动全班的士气，一起前进。

一、活动设计

1 适合对象：
高三学生。

2 活动时间：
高三年级上学期。

3 活动目标：
① 放松心情，缓解压力。
② 通过团体合作的活动，增进师生关系、同学关系，感受到班级的力量。
③ 提升自信，相信自己，相信坚持的力量。

4 活动重点和难点：
重点：加强团队意识，感受压力与活动。
难点：让高三学生，从繁重的学业中走出来，真正愿意融入活动中。

5 活动前期准备：
白纸、笔、班级视频、PPT 等。

6 活动形式：
游戏 + 分享。

7 活动内容拆分：
① 热身活动；② 体会高三；
③ 主题活动：“人椅”；
④ 活动总结；⑤ 学生反馈；
⑥ 活动反思。

二、活动实施

（一）热身活动

主持词：

在高三，听到很多辛苦和抱怨的声音，如睡觉时间晚了，学习多了，学业压力大了。今天，高三在这里举行“你比你想象的更强大——坚持”的活动，让我们一起给自己鼓劲，在后面的学习中再接再厉，取得更好的成绩。首先，让我们放松一下疲惫的心灵和身体，做个放松的运动。

活动规则

（1）全体同学围圈，站好。游戏中有“小雨、大雨、雾霾、晴天”四个口号。

（2）依次对应以下动作：小雨：轻柔地捏、拍打肩膀；大雨：从上到下稍用力地拍背；雾霾：向后转；晴天：换到别的位置。

（3）同学听口号，做相应的动作。

先练习几次，请同学们记清口号和动作。好，正式开始：

大雨、小雨、小雨、大雨、雾霾、大雨、小雨、小雨、大雨、晴天、大雨、小雨、小雨、大雨……是不是很舒服，如果你需要力度的调整，可以告诉同学……最后一次，请对刚才给你按摩的同学表达谢意。

同学们在活动中非常舒服，很多同学互相沟通起来。

热身活动

（二）体会高三

在放松之后，让我们7个人一组，拿彩笔，分享你的高三颜色，并请举例说明，为什么是这种颜色。

1 学生

高三是红色的，我的眼睛每天都布满了血丝，太累了，不过这段时间也是我最充实的时间，知识爆棚，能量爆棚，红色是生机勃勃的颜色，我希望自己在高三有更好的表现。

2 学生

高三是金色的，每天早上看到闪亮的星星，是金色的，晚上回去也是披着星星、月亮，我每次看到这些，就想着是个好兆头，金榜题名。

3 学生

黑色，我的高三。爸妈天天说考试的事，我太郁闷了。成绩怎么考也考不好，大家都这么棒，我很担心，不知道该怎么做。

高三在每个人眼中有不同的色彩，当我们聚集在一起就会发现高三的颜色是多姿多彩的，这就是青春的颜色。我们是一个团队，是一个集体，我们一起展现美丽的色彩。

（三）主题活动：“人椅”

现在有一个挑战任务给各团队，请听好规则。

活动规则

（1）15 个人一组，围成一圈（一定要站得紧密，否则后面的人椅会很容易垮掉，同时人数不少于 15 人）。

（2）每位同学将双手放在前面一位同学的双肩上。

（3）在“1、2、3”的口号中，缓缓地坐在身后同学的大腿上。当说到“1”时，请调整距离；当说到“2”时，请半蹲；当说到“3”时，请坐好。

（4）我们将以小组竞赛的形式进行，看看哪个小组可以坚持最长时间。

（5）最后时间以有人倒下，人椅被打乱为终止时间。

（6）在比赛中，如果有同学想放弃，必须全组同学都同意，老师记录下时间后，才能放弃。

现在有 5 分钟的尝试和讨论时间，你们可以想一想有哪些策略，可以让我们坚持更久一点。然后我们进行正式的比赛。

（可以用转换注意力、相互打气等形式，增加坚持的时间，比如让同学喊出口号：齐心协力，勇往直前。）

比赛开始。

在活动中可播放高三时期的照片：有老师辅导功课的身影；有运动会上同学奔跑的身影，坚持不懈……

人椅活动

活动后讨论：（1）在游戏过程中，你印象最深的是什么时候？（2）当发现自己难以坚持的时候，你是如何做调整的？（3）通过活动，你对自己有哪些新发现，现在想对自己说些什么？

有很多事情，坚持就会胜利，但很多时间，我们却放弃在半路上。

挖宝藏

（四）活动总结

世间最容易的事就是坚持，最难的事也是坚持。说它容易，是因为只要愿意做，人人都能做到；说它难，是因为真正能够做到的，终究只是少数人。成功在于坚持，这是个并不神秘的秘诀。

现在我们还有一年的时间，在一年中，你要坚持什么，坚持哪些方面？如果你英语不够好，你可以坚持每天背 10 个单词，坚持一年；如果你数学不够好，你可以坚持每天多做两道题，坚持一年……也许这些看似简单的事情，坚持一年不容易，但就像刚才的活动一样，只要我们大家一起，彼此鼓励，彼此依靠，就能延长坚持的时间，就能达到自己的最好的水平。

亲爱的同学，你希望在高三一年中坚持什么？请写下坚持的行动和目标，制成“书签”，交给同学或老师监督。学生写“目标书签”，并送给同学，表示互相的支持和监督。

在这一年中，让我们彼此鼓劲、监督，彼此依靠、支持，一起努力。在接下来的时间里，让我们一起用行动来实践，朝着未来的胜利前进。

（五）学生反馈

1

开始我觉得肯定坚持不了，因为人坐在人身上，谁能承受这么大的压力，感觉做不到，但看到最后大家真的非常努力，一起坚持，我就坚持，结果就成了。高三就是这样，想着坚持不了，但坚持着坚持着，就坚持到了。

2

我制作了书签，送给了几个朋友，作为我的监督者，第一次这么庄重的给别人书签，我有些不好意思，但大家都这么做，我也这么做了，感觉更有目标了，也有了监督的人，希望自己可以坚持下去，顺利度过高三，取得好成绩。

3

这次活动让我感觉高三不像别人描述的那么压抑，感觉是一群人在一起，一个班级在一起，我们相互支持，相互陪伴，我感觉到了温暖，希望同学们都能朝着自己的目标前进。

（六）活动反思

“人椅”活动时要注意男生女生间会不好意思，可分为男生一组，女生一组。每组人数必须大于15人才能坐下去，人太少不易坐下。

案例8

减轻考试焦虑

高三下学期随着高考时间的临近，学习内容加重，老师、家长焦虑情绪增强，学生感到对未来的压力和恐惧，部分学生对自己能力产生了严重的怀疑，十分害怕高考，情绪不稳定，学习成绩急速下滑。面对这种情况，利用秋游，缓解考试压力，端正学习态度，促进学生成长。

一、活动设计

1 适合对象：

高三学生。

2 活动时间：

高三秋游活动。

3 活动目标：

① 减轻考试焦虑，正确的对待考试。

② 调整心态、提升自信度。

③ 建立和谐的同学关系。

4 活动重点和难点：

重点：培养学生的合作意识，在活动中增强学生的自信心并激发他们面对挑战的积极性。

难点：调动学生积极性，使学生能够从焦虑课业的循环中暂时脱离出来，更好的参与活动，从而可以客观地去面对学业方面的焦虑。

5 活动前期准备：

白纸、笔、班级视频、PPT 等。

6 活动形式：

游戏 + 分享。

7 活动内容拆分：

① 热身活动；

② 主题活动：“辨声音”；

③ 小组讨论；④ 听故事；

⑤ 活动总结；⑥ 学生反馈；

⑦ 活动反思。

二、活动实施

（一）热身活动

主持词：

呼吸着自由的空气，看着美好的蓝天，在秋游时，我们进行一个放松心情的活动。今天带领活动的有我，还有一些志愿者。现在，请他们介绍下自己的名字，然后让我们用期待的心情，进入活动！

（等待志愿者自我介绍。）

第一个活动叫："谁是学霸"。

（1）同学们围成一个圈，全部面朝外，不许看。我随意拍一个同学的背，设定他为学霸。

（2）当宣布活动开始时，请同学相互询问"谁是学霸？"。如果你不是学霸，就回答：不是。如果你是学霸，在前 4 轮，回答：不是。当第 5 个人询问时，学霸回答：是。

（3）请发现学霸的同学，把手搭在他肩上，在他后面迅速地排成一队。

（4）最后一个同学接受惩罚。

（热身 1 次，游戏正式开始。）

同学们迅速排成一队，最后一个同学，出来带领此活动。

（二）主题活动："辨声音"

请每组派一位蒙眼的同学，在组员指挥下从 A 点到 B 点，看哪队最快完成，具体要求如下：

（1）每组每次派一个人带上眼罩，在原地转 3 圈，从 A 点走到 B 点，然后从 B 点走回 A 点。

（2）本组人可以通过声音，给他指挥路线。

（3）其他组人可以捣乱。

（4）每个人都要当一次蒙眼的人。

（5）看哪组最先完成。

请同学按1、2、3、4报数，分成4组。

活动开始，同学们大声喊叫，给“盲人同学”指路。“盲人同学”小心翼翼地走路，辨别着声音。

学生活动

（三）小组讨论

（1）蒙眼前后，你的心态有哪些变化?

（2）你是借助哪些信号，找到目标，完成任务的？

（3）如果目标代表高三的目标，周围的声音来自同学、老师、亲友、家长的声音，你觉得自己有哪些方法能保证自己到达目的地?

1 学生 蒙眼前觉得没什么，蒙眼后，还有些担心，周围声音很多，自己真的弄不清怎么走。

2 学生 我跟一个朋友商量了一个策略，因为她的声音我很熟悉，所以我能辨别出她的声音，我不听别的声音，只跟着她的声音走。我走的时候，她给我指引方向，她走的时候，我给她指引方向，我们互帮互助。

3 学生

在高三学习中，我时常会听到很多声音，有时候是父母的声音“你看你的成绩，脑子是不是有问题”，有时是同学的声音“这个你都不会”，有时是自己的声音“怎么学都学不会，我就这样了”，对自己产生质疑，有时候都不知道自己在干什么。虽然高三很忙，但感觉自己用大量时间在辨别各种声音，其实高三并没有蒙眼，自己是睁着眼睛的，却被周围的声音干扰的无法前进。后面，我会把自己的目标，自己的肯定，放在面前，时刻提醒，原来自己的声音才是最重要的，前面的目标、方向才是最重要的。

4 学生

我想对自己说，加油，你是最棒的，你身边还有父母、朋友的支持，要给自己积极的想法，努力走好高三。

（四）听故事

在我们周围，过去、现在、未来充满无数的声音，最终选择听什么声音的是你自己，所以你的选择最重要，你对自己的认识最重要。

古希腊的大哲学家苏格拉底在风烛残年之际，知道自己时日不多了，就想考验和点化一下他那位平时看来很不错的助手。他把助手叫到床前，说：“我的蜡所剩不多了，得找另一根蜡接着点下去，你明白我的意思吗？”

“明白，”那位助手赶忙说：“您的思想光辉是得很好地传承下去……”

“可是，”苏格拉底慢悠悠地说：“我需要一位最优秀的传承者，他不但要有相当的智慧，还必须有充分的信心和非凡的勇气……你帮我寻找一位好吗？”

“我一定竭尽全力。”

苏格拉底笑了笑。

那位忠诚而勤奋的助手，不辞辛劳地通过各种渠道开始四处寻找。可他领来一位又一位，都被苏格拉底一一婉言谢绝。一次，当那位助手再次无功而返时，病入膏肓的苏格拉底硬撑着坐起来："真是辛苦你了，不过，你找来的那些人，其实都不如……"

"我一定加倍努力，"助手恳切地说，"找遍五湖四海，也要把最优秀的人选挖掘出来。"

苏格拉底笑笑，不再说话。

半年之后，苏格拉底眼看就要告别人世，最优秀的人选还是没有眉目。助手非常惭愧地说："我真对不起您，令您失望了！"

"失望的是我，对不起的却是你自己。"苏格拉底很失意地闭上眼睛，停顿了许久，才又不无哀怨地说："本来，最优秀的就是你自己，只是你不敢相信自己，才把自己给忽略、给丢失了……其实，每个人都是最优秀的，差别就在于如何认识自己，如何发掘和重用自己……"一代哲人就这样永远地离开了他曾经深切关注着的世界。

那位助手非常后悔，甚至自责了整个后半生。

为了不重蹈那位助手的覆辙，每个向往成功、不甘沉沦者，都应该牢记先哲的这句至理名言："最优秀的就是你自己！"

这也是我今天想跟大家说的。

（五）活动总结

相信自己，相信自己能做出最好的选择，相信自己会有最好的行动，相信自己会有最好的未来。

让我们全体一起来做一个鼓励活动"我们是最棒的"。

全体同学围成一个大圈，向左转。双手拍左边同学背1下，同时喊"1"，转身，拍右边同学背1下，同时喊"1"；双手在自己胸前拍1下，同时喊"我"；双手拍左边同学

"我们是最棒的"游戏

背2下，同时喊“2”，转身，拍右边同学背2下，同时喊“2”；双手在自己胸前拍2下，同时喊“我是”……双手拍左边同学背6下，同时喊“6”，转身，拍右边同学背6下，同时喊“6”；双手在自己胸前拍6下，同时喊“我们是最棒的”。

在高三的岁月中，让我们彼此努力，彼此支持，任何时候都要把这个声音放在心里“我们是最棒的”，不要被其他声音干扰，让我们朝着目标直线前进，让我们带着信心开启秋日之旅，开启高三每一天。

（六）学生反馈

1

我特别开心，以前秋游是吃吃吃，这次能参加这样一次心理活动，让我觉得对自己的看法不一样了。最近真的挺累的，一刻也没有放松，对自己也出现了很多质疑，这次活动，让我思考，我在听哪些声音，哪些声音对我有用，哪些是干扰，我要隔离。我发现自己需要鼓劲，我很感谢我的伙伴、老师，他们一直支持我，一直肯定我，觉得我有潜质，觉得我一定行，这是高三宝贵的财富。

2

在这个活动中，我印象最深的是眼罩游戏，我听到很多声音，要自己去判断、去选择，这些都需要我盯着目标，盯紧目标，还要有自己的判断。活动中，我发现自己很容易受外界的影响，这对我是一个提醒，得朝心中的目标前进，不能把时间放在纠结、迷糊上。回去后，我要把目标放在床头，更好的帮助自己，朝着目标前进。

3

今天的活动让我特别放松，好久没和同学有这样的感受了，可以开心地一起玩。高三学习多，活动少，以前感觉同学间的关系淡了，成天就是学习、考试，见面看谁都憔悴了，也没心情说别的。但这次活动又把大家聚集起来，感觉情感一下子就近了。

（七）活动反思

户外场地不聚音，需要准备好音响、麦克风等设备，扩大声音。

案例 9

缓解高考前压力，自信迎接高考

高三年级学生进入备考阶段后，复习节奏快、内容多，并且综合考试、日常检测接连不断，也还有来自教师、家长、同学多方面的压力，学生普遍感到烦躁、缺乏自信心。在这一阶段，学生需要适当地宣泄压力，激发信心、坚定信念，以更好的心态迎接即将到来的高考。

一、活动设计

1 适合对象：
高三年级学生。

2 活动时间：
高考前。

3 活动目标：
① 减压和放松。
② 增加学生的合作精神。
③ 用积极、欢乐的心态取代焦虑，智慧地迎接高考。

4 活动重点和难点：
重点：放松心情。
难点：调动学生的积极性，使学生从繁重的课业中脱离出来，更好的参与活动。

5 活动前期准备：
志愿者牌、盒子24个（收纳物品用）、布24块、黑笔24支、大纸24张、小奖品。

6 活动形式：
游戏＋分享。

7 活动内容拆分：
① 引入；② 活动说明；③ 热身活动；
④ 主题活动一：“高三记忆”；
⑤ 主题活动二：“从高中到大学”翻布游戏；
⑥ 小组讨论；⑦ 爱的祝福；
⑧ 活动总结；⑨ 学生反馈；
⑩ 活动反思。

二、活动实施

（一）引入

主持词：

今天我们在考前，举行“绽放自我，快乐向前”的活动。心理研究表明，调整好心态有利于考场的发挥，取得更好的成绩。今天带领活动的，有我，还有一些志愿者。（志愿者自我介绍。）

我想先了解下大家的心理状态，请用手势给你的状态打分。如果你的状态非常好，非常有精神，请把手举到 180°，如果是一般请举到 90°，如果很困很累，可以举 0°。让我们想一想，我会从 3 数到 1，当我数到 1 时，请给出你的分数，并做相应的手势。

3，想想数字；2，准备好手势；1，出示手势。

我看到有些同学状态不错，恭喜你，一直可以保持这个状态；有些同学状态一般，我也恭喜你，希望今天的活动让你拥有更好的状态；有些同学状态不好，我更要恭喜你，因为今天的活动必然让你有个好状态。

无论你现在状态如何，让我们专注在现在的活动中。

学生活动

（二）热身活动

首先，暖身活动“松鼠和大树”，让我们甩开困乏的状态，点亮自己的精气神。规则如下：

（1）三个人一组，有一个人是松鼠，两个人是大树。

（2）一只松鼠，一棵大树，是一个完整的家（见下图）。

（3）这里有三个口令：工人砍树、松鼠搬家、森林大火。当口令是“工人砍树”时，扮演树的同学要和其他的同学组成大树，松鼠不动。当口令是“松鼠搬家”时，松鼠需要离开现在的树去找别的树。当口令是“森林大火”时，松鼠、大树都要动，可以相互转换，但不能同样三个人一组。

（4）待会儿落单的同学，要一起出来表演节目。

现在游戏开始！（进行 3~5 轮游戏。）

刚才同学们都玩得很开心，现在，让我们一起来欣赏舞台上的这些同学们的精彩表演吧！（表演结束后。）

谢谢同学们的表演，非常精彩！表演的小松鼠们现在可以回到自己的伙伴身边了。

刚才看了动物、植物，现在来看花，游戏叫“马兰花开几朵”。随着音乐，同学们可以自由走动。当我说“马兰花”，你们问“开几朵”，我说一个数，请同学按这个数，快速组成一组，并蹲下。人数不符的组，请站立。

“松鼠大树”游戏

教师：马兰花开几朵？	学生：开几朵？	教师：开 3 朵。
教师：马兰花开几朵？	学生：开几朵？	教师：开 5 朵。
教师：马兰花开几朵？	学生：开几朵？	教师：开 15 朵。

同学们很开心的玩这个活动，老师根据现场人数，确定最后一轮的朵数。

（三）主题活动一："高三记忆"

请 15 个人组成一个小组围圈坐下来，互相认识一下，介绍一下自己。拍拍旁边的同学，说："我们是一个小组的同伴，加油！"。

高三，一起走了 300 多天，留给我们什么？让我们来发现高三的点点滴滴。

这个活动的要求是：

（1）请根据要求，收集物品，每样一件即可。

（2）收集只能在本组内进行。

（3）收集的物品若遗漏，则不算在内。

（4）最后每组派一个代表拿着你们的盒子上台展示。

（5）收集数目最多最快的组获胜。

展示小组物品收集成果

请听题，请收集以下物品：笔、黑框眼镜、扇子、手机、钥匙、钱包、白头发、绿色的东西、黄色的东西、耳机、团徽……高三的酸、高三的甜、高三的苦、高三的辣、高三的惊……请每组代表拿着盒子上来。

我们来看看收集的是什么？现场出现 2 组数量相同，则加赛神秘物品：袜子。动作最快的组获奖，奖品是棒棒糖。

（四）主题活动二："从高中到大学"翻布游戏

下面有一个更有挑战的环节，叫做"从高中到大学"。规则如下：

（1）活动任务是将布翻到另一面。

（2）过程中所有人都必须站在布上（包含讨论）。

（3）只要有人的身体（任何部位）碰触到地面，全组重新开始。

（4）时间 20 分钟。

（在活动初期志愿者要严格执行规则，提醒犯规的队伍，让同学明确规则；在后期，如果队伍仍没有找到合适的方法要适当提醒相关技巧。）

"翻布"游戏

（五）小组讨论

恭喜成功翻面的小组，没有成功的小组也不要气馁，我们来反思和提升：

（1）你觉得“翻布”游戏中，最难的是哪个环节？

（2）如果布的一面代表高中，另一面代表大学，高三代表连接和翻动的一年，你和周围的人现在的心态和刚才活动中的心态有什么相似的地方？

（3）想想高考前夕，你怎么做会更好？

（全组讨论。）

相信大家讨论得还有些意犹未尽，我们请同学代表上来分享一下他们组的心得吧！

1 学生

在最难翻动的时候，大家要协力合作，要管好自己的脚，要挤压空间，真的不容易。

2 学生

在活动中，我发现一个同学特别镇定，冷静思考，出谋划策，在高三这一年也是，他一直很稳定的进步，这和他的好情绪是有关系的，我要向他学习。

3 学生

高三真的不容易度过，这一年和考试、作业联系在一起，我努力做好一切，有时候还是无法满意，产生一些焦虑的情绪，就像刚才一样，我特别着急，我就开始大声嚷嚷，但没有人理我，大家都在做自己的事情，这个情绪对我来说不好，不能解决问题，反而容易出错，考试的时候也是，有时候会做的题，一急就做不出来了，但事后又发现自己是可以解答出来的，这些都有相似的地方，我得调整下。

（六）爱的祝福

同学都有自己的心得，一起度过了3年，在高考前夕，你想对我说什么呢？我们欢迎和鼓励你用你快乐的眼睛、快乐的手把美好的祝福和赞美带给同学们。你可以用文字，也可以用绘画，给他一份意想不到的惊喜。可以留名，也可以不留名。

游戏规则：（1）每位同学会拿到一张纸，请贴在前一个人的背后。（2）我们在屋子里随意行走，你可以在同学背后留下你对他的祝福、赞美、感谢。（3）在我们的活动场地旁边有一张桌子，在桌子上，你可以把你想说的话写给老师（请学生写得具体些、仔细些，如感动的一件事等）。（4）时间15分钟。现在，活动开始。

背后寄语

给老师写信

（七）活动总结

祝福是美好的，但最后几天，我们会紧张，会睡不着觉，怎么办？请看心理老师的宝图。

如果你需要进一步的咨询，可以来陈经纶中学心理咨询室，我们一起找到办法。

同学们，高考是我们人生中一个重要的考试，我们一起面对，让我们给自己鼓劲，让我们用自己的声音给未来做出最肯定的回答！让我们高声喊出心中的希望！让我们以3个“yes”作为对高考的回答。

教师：准备好了吗？

学生：Yes！

教师：你会在高考中有更好的发挥吗？

心理宝图

快乐一跳

学生：Yes！

教师：你会在高考中取得好成绩吗？

学生：Yes！

最后，让我们拿出精气神儿，鱼跃龙门！当我从 3 喊到 1 的时候，我们集体大跳跃！准备好了？鱼跃龙门！ 3、2、1！

预祝各位同学考试顺利！本次活动，到此结束，谢谢各位同学和老师的参与。

（八）学生反馈

1

我特别开心，考前能够参加这样一次心理活动，让我真的轻松许多。最后那个活动很感人，背景音乐很悠扬，写祝福语的时候同学们都很真诚、客观。我很佩服那些邀请班主任甚至校长加入到祝福活动中来的同学！

2

在活动开始，我在学习上遇到了点不顺利。学习了心理宝图，有无困难，都得学习。现在，我觉得我能冷静下来面对学习上的不顺。困难，因为焦虑会放大，而只要坦然面对，就一定能顺利解决。

3

我们组经过多次努力终于完成了翻布游戏，同学们很兴奋，说说闹闹关系一下子就近了，我特别希望大家在冲刺中互相鼓励，在高考中鱼跃龙门取得好成绩。

（九）活动反思

学生在“松鼠和大树”活动时，因为很熟，会几个人换来换去。建议这个环节，可以换一个提升注意力的游戏，如“正说反做”。

“爱的祝福”，学生很喜欢，可要求写感触或一件事，增加深度。同时这个活动可放在最后，时间适度延长。

高中校外寒暑假生涯实践活动

给孩子一些权力，让他自己去选择；给孩子一些机会，让他自己去体验；给孩子一点困难，让他自己去解决；给孩子一个问题，让他自己找答案；给孩子一种条件，让他自己去锻炼；给孩子一点勇气，让他自己去尝试；给孩子一点激励，让他自己去争取；给孩子们一片空间，让他们自己向前走。

陈经纶中学从 2009 年起开设生涯规划课，讲授生涯知识，激发学习动力，增强责任感，引导学生切实的思考生涯规划与发展。

在假期，陈经纶中学针对全体学生，设计了 4 个生涯实践课程，将课堂与社会相结合，知识与运用相结合，梦想与实际相结合。这 4 个活动按“知、情、意、行”逐步提升，层层递进。首先，通过“从传记看人生”了解生涯是什么，现在和未来的关系是什么，培养基本的生涯知识，达到“知”的效果；其次，通过家谱图调查，打开自己和家族的情感联结，打开自己的情感认识，从“情”上思考自己的生涯之路；再次，通过职业人物访谈，品味职场人的百味生活，让生涯教育深入学生“意”识当中，为行动打基础；最后，职业见习日给学生进入职场的机会，用“行”动为生涯实践课程交上答卷。

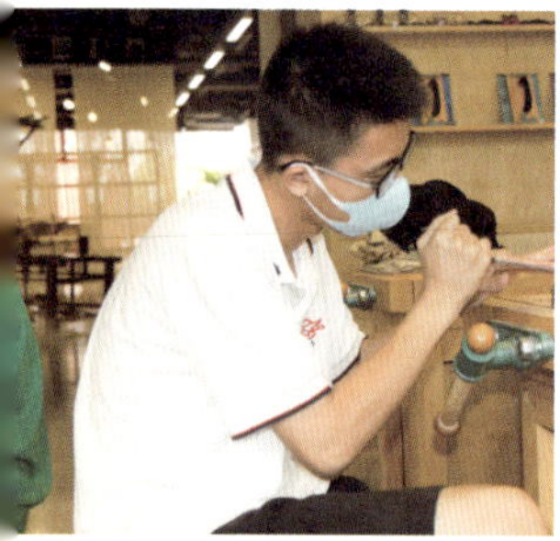
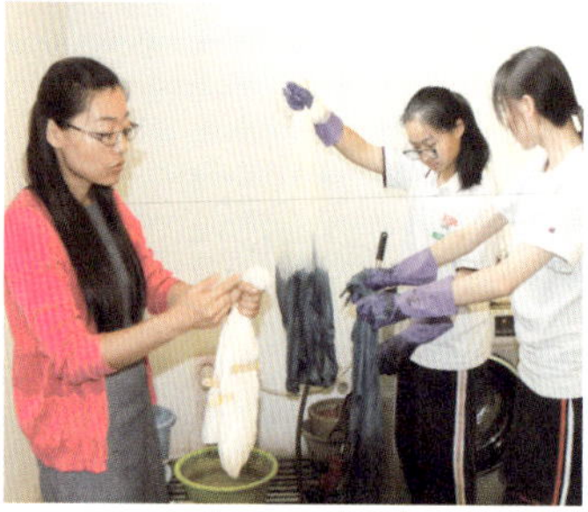

案例 1

探索职业之路
——从传记看人生，树立生命的榜样

从传记看人生，树立生命榜样

——陈经纶中学生涯故事阅读活动

亲爱的同学：

你们好， 寒假来到我们身边，你有什么计划和安排？陈经纶中学心理咨询室邀请你参与到“从传记看人生，树立生命榜样”的活动中来，这里有复杂的人性，这里有对命运的观察，这里有未曾吐露的秘密……

你想了解林肯和妻子带着交际障碍的困扰，如何成为总统的吗？你想知道被乔布斯评价为“我一时半会儿不会读它，因为我不想被气疯”的传记写了哪些他痛恨的性格特点吗？你想了解苏东坡除了诗人，还是画家、造酒家、工程师的多彩人生吗？其实曾经的他们就在我们身边，因为必须面对的经历，因为内心的成长，他们在一次次选择中，成为现在的样子。

这个寒假，让我们通过阅读人物传记的方式，走近除去光鲜外表的公众人物，看到他们的个人成长，体会他们的喜怒哀乐，找到我们自己的人生力量。

阅读书籍：

我对学生时代的他，性格上的评价（我欣赏的地方、我反感的地方）：

我印象最深的情节和内容（200 字以上）：

我的感受（100 字以上）：

我和他的相似点和不同点（100 字以上）：

同学可以通过图书馆、网络（当当、京东、亚马逊）等形式，寻找不一样的人物，寻找自己想阅读的内容。推荐书目：《李光耀回忆录：我一生的挑战》、美国脱口秀主持人奥普拉《我坚信》、《为什么是毛泽东》、《褚时健：影响企业家的企业家》、《最贤的妻，最才的女——杨绛传》、微软华人高层李开复的《世界因你不同》及《向死而生》、《周恩来传》、俞敏洪《在痛苦的世界中尽力而为》、17 岁的诺贝尔和平奖获奖者《我是马拉拉》、央视记者柴静《看见》、林志颖《我对时间有耐心》……

学生作业一：阅读《奥黛丽·赫本》有感

班级：高三文（1）班　　姓名：李丹凝

阅读书籍：《奥黛丽·赫本》。

我对学生时代的他，性格上的评价：

学生时代的她很喜欢演戏。
她出生于比利时布鲁塞尔的一个贵族后裔家庭。
在学校时，她曾去荷兰学芭蕾。
二战时期，她的全家都受到伤害，她却顽强地活了下来。但她的身体急速恶化。

我印象最深的情节和内容：

“当我在洛杉矶国际机场看到母亲的时候，她显得非常疲惫，神情也相当紧张。多少年来，母亲一直只乘坐经济舱，有一段时间，她和罗伯特会为对方购买商务舱机票作为礼物互赠，一起去旅游度假或者为联合国儿童基金会工作。这次是她第一次乘坐头等舱，那还是因为身体的不适和罗伯特的强烈要求。

母亲认为，在一个世界上还有很多人在忍饥挨饿的年代乘坐头等舱简直就是一种犯罪。同样，母亲认为汽车也只是一种交通工具，只要安全、快捷就行了。因此我们家并不像很多明星家一样拥有诸如法拉利一类的豪华跑车，车库里只有沃尔沃和奥迪，母亲信赖它们。”

我的感受：

她是优雅的同义语。

她是女人与天使的精致结合体。

她是圣洁与美丽的标尺。

我们为她倾心，无论男女。

上帝渴望亲吻她的脸颊。

她是飘落在人间的天使。

她只是一个平凡的女孩，是她的不懈努力加上天赋被一点点发现的幸运，成就了她。

我是平凡的女孩，我的天赋是什么？我也要朝什么方向努力？现在思考并不晚，我想做对社会有益的人，有一技之长；我想做对人有益的人，为人谦和，我想做美丽的自己，每天进步一点点。

我和他的相似点和不同点：

我和她一样努力，只是我没有她努力的方法那么有效。

我和她一样坚强，只是我没有她经历过的坎坷和困难。

我和她一样幸运，只是我没有她幸运的那么恰到好处。

我和她一样坚持不懈，只是我没有她的定力和忍耐力。

我和她一样平凡，只是我没有她更能承受与接受自己的平凡。

我和她一样简朴，只是我没有她简朴时依旧保持自己的地位。

我和她一样人缘好，只是我在自己周围的小圈子里，而她轰动全球。

我和她一样快乐，只是我没有她让自己快乐终生的心态。

他是我的榜样，为人努力、坚强、简朴，乐观善良，这是一生的财富。

学生作业二：阅读《人生不设限》有感

班级：高二（4）班　　　姓名：刘慧妍

阅读书籍：《人生不设限》，作者力克·胡哲。

我对学生时代的他，性格上的评价：

我欣赏的地方：我发现自己身边的美好，使自己的内心备受鼓舞。

我反感的地方：有时候会因为自己身体上的残缺而自卑、大哭或是封闭自己。

我印象最深的情节和内容：

“你可能很清楚自己的人生目标，对生命的各种可能性怀着无穷的希望，为未来充满信心，懂得欣赏自己的价值，甚至具备良好的态度，但恐惧却可能拉住你，让你无法实现梦想。有许多障碍比没手没脚更严重——恐惧尤其会削弱人的力量。如果恐惧遏制了你的每个决定，你就无法将感受到的祝福充分表现出来，过一个圆满的人生。

恐惧会拖住你，让你无法成为你想变成的那个人，但恐惧只是一种情绪，一种感觉，它不是真实的！你是不是常常害怕某件事——看牙医、面试、手术或考试，结果真正做了之后，却发现其实没有你想的那么可怕。”

我的感受：

其实很早以前就读过这本书，如今长大了再读这本书，又有了另一番新的体会。力克·胡哲虽然说没有四肢，但活得依旧快乐，就像他自己所说的“我好的不像话的生命体验”。虽在这种情况下，他遇到过困难，心理上、精神上的种种压力，都使他有过放弃的念头，可是他始终没有放弃。在父母、导师以及自己内心的鼓励下，能够做与常人一样的事情。行走、打棒球、冲浪，无所不能，他做到了。我们在生活中也应该像他那样，甚至应该比他做得更好。

人生不设限，真正改变命运的并不是我们的机遇，而是我们的态度——力克·胡哲。

我和他的相似点和不同点：

我和他相似点是：在生活中我们都会遇到各种挫折，或者不开心的事情，虽然我没有像他那样缺少四肢，但是，我们都会遇到阻碍自己前行的事情。

我和他的不同点是：他在遇到这些困难的时候，会寻求方法来解决这些问题，而我有时候遇到困难会恐惧、退缩，不敢前行。这本书所教会我的，正如他所说的“在悲伤的另一边，有一条不同的出路，会让你更坚强、更坚定，让你找到自己想要的人生。我会为你点出这条路。”

学生作业三：阅读《看见》有感

班级：高二文（1）班　　姓名：刘璟瑶

阅读书籍：《看见》，作者柴静。

我对学生时代的他，性格上的评价：

我欣赏她的勇敢，在非典报道的一线奔走，不畏惧黑暗势力的威胁；感动于她的率真，对于同事间的真情的流露；欣赏她敢于探求真相，为了真新闻奔走在一线，执着而正直，直言不讳。

我印象最深的情节和内容：

《看见》第二章中她对于“非典”的报道。她写道“医生要让人活着，自己得有牺牲的准备。”

人民医院有九十三名医护人员感染非典，急诊科六十二人中二十四人感染，两位医生殉职。

离开的时候，我看到另一张病床上的小伙子，脖子上绑着一个痰巾，上面有一些秽迹，小腿露在被子外面，全是曲张的静脉。我们走过的时候，他连看都不看一眼，我停下来看他。他没有昏迷，眼睛是睁着的，只是什么表情也没有。日后，我在很多绝望的人脸上看过同样的空白。

她叠得很慢，叠完一个不是扔进去，而是把手放进罐子里，把这一粒小心地搁在最上层……过了一会，她抬起头看我一眼，我心里轰一下，她已经知道妈妈去世了，她只是不想让任何人知道自己的难过。

我的感受：

2003 年，那年，我 5 岁。

记忆力很好的我却没有对那场恐惧弥漫京城的“非典”留下过多印象，也许是一种幸运，但又是一种不幸。空城，沉默，死亡，一串让人心生畏惧的词语，而她选择了站在一线，打破沉默，让我们看到真相。她说：“选择了记者，就无法选择去与不去。”

她和队友让我们看到了真相，也让我们看到了医护工作者、新闻工作者的敬业。这一切让人感同身受，勾起儿时的回忆。那时候，路是黑的，天也是黑的，整个北京都是一片黑色。

最后，向那些曾抗战在一线和牺牲的医护人员致以最崇高的敬意。

我和他的相似点和不同点：

我曾以为很多人都是遥不可及的，但读了柴静的这本《看见》，我明白那些看似遥不可及的人也是一步步爬到这样的高度。其实，我们拥有相似之处，我觉得我们的相似点就是正直与勇敢，感性与善良，好强与渴求真相，也许将来我们还会拥有相同的职业，成为同行。的确，我想成为像她一样的记者。

我们之间的不同也有很多，比如她有些许的小叛逆，而我相对乖巧，她脾气好，而我是个暴脾气。还有，她真的太勇敢太忘我，如果让我去报道“非典”，也许我会因缺少她那份勇敢而退却。

我今后将拿起勇敢，更自信的面对自己，面对社会，因为我想成为一名有正义感的记者，这是我的目标，我不退缩，我努力前行。

学生作业四：阅读《我对时间有耐心》有感

班级：高三（6）班　　姓名：马颐盟

阅读书籍：《我对时间有耐心》，作者林志颖。

我对学生时代的他，性格上的评价：

林志颖出生在单亲家庭，因为父亲对他加倍的爱而和普通家庭的小孩一样在爱的阳光中沐浴成长。学生时代的林志颖也有过顽皮、胡闹的经历，而父亲的严厉教育一点一点修正着他身上的不足。青年时期，他爱上了赛车，并用自己的执着和努力让周围人理解支持他。

充满爱、执着、努力、孝顺、顽皮，这就是学生时代的林志颖。

我印象最深的情节和内容：

我是因为《爸爸去哪儿》的节目才深入了解林志颖的，在这之前我知道他是有名的“不老男神”，随着观看节目我认识了好爸爸林志颖。

全书我印象最深的地方是他与儿子Kimi的部分。

在书中有一封他给儿子的信，信中提到了Kimi对他的意义以及生活中的小事。其中一段林志颖提到，有了儿子之后他做事不再冲动，不再武断，凡事都多了一份思考，更加严密、周全。在赛车比赛时也不会不管不顾一脚油门超过前面的车了，因为比起输赢他有了更值得守护的事情，他知道自己多了一层不一样的身份，他要对自己的家庭负责，要给自己的儿子塑造一个值得学习的榜样。林志颖很敬佩自己的父亲，觉得自己的父亲教会了自己很多东西，而他要做的就是把这些良好的品质教给Kimi，让他传承下去。

我的感受：

在《爸爸去哪儿》的节目中我认识了一个不一样的林志颖，不是那个有着高颜值的实力派偶像，而是一位尽职尽责的爸爸。在他的书中，我了解到因为他是单亲家庭的孩子，所以他给予儿子Kimi的爱会多一点。因此最开始出现在公众视线中的Kimi有些内向、害羞，离开爸爸无法独立。在林志颖的书中提到Kimi曾经说："爸比去工作，我就没有爸比了。"这样的话，也就让人理解了Kimi内心对爸爸离开的担忧。他在书中表达了对父亲的爱与敬佩，对自己干妈的感谢，为自己的妻子Kelly正名，讲述小小志Kimi的故事，他与赛车的故事以及成名的道路，他将自己爱的人、爱的事都写到书里，用这一切来感动并鼓励读者。唱着《十七岁的雨季》的林志颖充满了爱、阳光与正能量。

我和他的相似点和不同点：

相同点：我们都在用笑脸与正能量面对生活，有自己执着的方向，有着对自己重要并且可以当做榜样的家人。我们都不曾抵触爱。

不同点：我们生活在不同的时代，他走过了比我长太多的人生道路，经历了比我多得多的事情。他已经有能力去担起责任，也有了要守护的人，要守护的家。他追求速度，有过顽皮不安分的童年，我相较他的童年要更安生一些的。

学生作业五：阅读《孔子传》有感

班级：高三文（1）班　　姓名：曹容嘉

阅读书籍：《孔子传》。

我对学生时代的他，性格上的评价：

孔子三岁时，父亲已经去世，年幼的孔子和母亲相依为命，从小养成了坚强的性格。在学习上，孔子广泛涉猎各种知识，不仅要学习贵族阶级所必学的礼法和小六艺。还要学习谋生的手段。孔子从不认为自己是天纵之才，相反他认为自己的知识都来源于学习，因此他对学习的态度是好学且乐学。到了孔子十五岁时，他将自己的人生志向定为：把自己的一生奉献给研究学问，终生追求真理。这样的远大志向背后，不仅有他对于学习本身的热爱，更是对自己的自信和他坚持不懈品格的侧面映射。值得注意的是，孔子在学习之路上奋勇跋涉的十七岁，他的母亲突然去世了。这对于尚处于学生时代的孔子，无异于晴天霹雳，然而，孔子并未被此飞来横祸所击溃，而是坚强地扛下一切，妥当安葬了母亲，料理后事，彰显出了他过人的意志品质。此后，举目无亲的孔子，却更明确自己的人生追求，孤身一人踏上去异国他乡求学的道路，若无一种坚韧向上的性格，他怎能理清行囊继续踏破荆棘坎坷路呢？

我印象最深的情节和内容：

孔子，当之无愧的至圣先师。这样光辉灿烂的盛名背后，是孔子充满坎坷却又不失智慧的一生。给我留下印象最深刻的便是孔子对人生的评价。简单几句箴言，道出了孔子为达到他心中向往的“德”，而不断磨砺自己心灵的一生。

子曰：“五十有五而志于学，三十而立，四十不惑，五十知天命，六十耳顺，七十从心所欲不逾矩。”我对“五十知天命”这个阶段印象尤为深刻。三十岁孔子立于社会，开始向实现人生目标而努力，四十岁的孔子能在大千世界中有自己的正确价值观判断。而到了五十岁，孔子的人生已然由外物转为自身，知晓自己的天命所归。而知天命带给孔子的，就是无穷尽的精神力量。举例来讲，那时鲁国红极一时的掌权者是阳货，一众凡夫俗子纷纷对其献媚，希望借此谋得一官半职飞黄腾达。而孔子却做出了，阳货无非乱臣贼子这样的惊世判断。莫要忘记，五十岁的孔子并非是当年那个求学的寒士，而是一个声名远扬，满腹经纶亟须登上政坛来实现自身理想抱负的大能。此言一出，无异于自断仕途，但孔子知道，若想实现自身的理想抱负，绝不能苟且于与阳货之流为伍，自己使命所在，在天下大同，岂是几个当权的跳梁小丑所能左右？果不其然，阳货政权不久便不复存在。而这时，孔子才登上朝堂，侍于他一心效忠的鲁国国君。

我的感受：

阅毕《孔子传》，令我受到了一种启迪，乃至影响了一些我看待人生的方式。往往当我们展望未来时，都是外向的思考，所想多为考什么大学，找何工作，做何事业，等等。但孔子回顾一生，总结人生历程时，却是向内思考的。他从不宣扬现代的成功学，他一生所追求的与其说是仁，倒不如说是内心的极致平静。三十而立，立在有稳定的心境，四十不惑，不惑外物，而与环境相融却不失己见，五十知天命，知晓内心平静的本质，耳顺则以大德相容，到了从心所欲不逾矩，孔子则认为，心灵的大圆满差不多达到了。因此，读完这本书后，我对自己的未来又有了新的规划与认知。人生立世，必有物质所求，孔子亦不能免俗，但除去这些，尚有值得我们终生追求的事物。比如内心的平静，一切的苦难挫折皆可视作对心灵的历练。如此想来，命运多舛的孔子何尝不是快乐的？于我们而言，人生多风雨，又何惧！

我和他的相似点和不同点：

我与孔子的相似点在于我和他一样好学，且与人为善。我学习文科，今后的人生志向与孔子相似，志于学。孔子心中有追求德的愿望，我也有。孔子一生追求心灵的平静极致，这也是我所追求的终极目标。

我和孔子的不同点，孔子内心坚强，而我则显得脆弱很多。孔子能为自己的人生理想不懈努力奋斗，而我则没有长期坚持的品格。孔子做事缜密，有计划有安排，并能按计划如期实施。而我做事虎头蛇尾，慌慌张张，条理性差。

学生作业六：阅读《我坚信》有感

班级：高二（4）班　　姓名：田菁

阅读书籍：《我坚信》，作者奥普拉·温弗瑞。

我对学生时代的他，性格上的评价：

奥普拉·温弗瑞的著作《我坚信》，自从拜读，一直影响着我的学习生活。奥普拉一生充满了成就与辉煌，也充满了坎坷。在这本书里，她直面内心的敏感和脆弱，回忆往事的波澜涌动，也回望生活的那些幸福瞬间。

我印象最深的情节和内容：

不论你面临着怎样的挑战，你都得记住，你人生的画布是由每天的经历、行为、反应和情感涂抹的，你才是画笔的主人。如果我在 21 岁就明白这个道理，我就会为自己省去很多伤心和自我怀疑。这将会是一种启示，明白了我们自己都是自己人生的画布——只要自己乐意，我们可以用无数颜色画上无数笔。我一直都很自豪于我的独立、正直和我对他人的支持。但自豪与自傲之间只有一线之差。我学会了，有时你得从自傲中走出来，才能认清事实。所以，当生活变得艰难时，我发现，最好问自己一个简单的问题："这一刻到底想要教会我什么？"

我的感受：

这本书让我明白：不管你现在所处的情形是什么样的，你自己都是制造它的原因。你用自己的每一种经历建造起了这个人生，每一个思绪，每一个选择。而在这些思绪和选择之下隐藏着的是你心灵最深处的意愿。所以，做出任何决定之前，我们应该问自己：我真正的意愿是什么？你将会成为什么样的人，只会由你现在身处在何处来决定。所以，学会欣赏你的教训、错误、失利，把它们当成踏脚石走向将来，才清晰地标志着你前进的方向是正确的。

我和他的相似点和不同点：

我和奥普拉都有为了理想奋斗的时候，比如中考前，所有人都认真复习，想考好学校，竞争压力很大。我在心里给自己制定目标和计划，最终，实现了我的梦想。而且奥普拉在做事后都会有一个自我反省，而我有时做错事就只是会一味的失落和自责，我应该尽快跳出这个坏毛病，从失败中总结经验，成为像奥普拉那样成功的人。

案例 2

探索职业之路
——走进家族历史，认识自我 DNA

走进家族历史，认识自我 DNA

——陈经纶中学生涯家谱树绘制活动

在高中阶段，自我意识进一步发展，同学们在认识自我、发展自我上也有了更高的需求。心理咨询室针对这一情况，特设计了本期暑假作业“走进家族历史，认识自我 DNA”。

请同学们通过访谈等形式，深入了解家族历史，认识自己的家族性格，制作家族谱系海报，具体要求如下：

（1）做一名探索者，访问自己家族的成员，请他们谈谈我们这个家族的性格、价值观以及家族重大事件。

（2）做一名参与者，访谈中，感受家族成员的性格、价值观、倾听他的故事，了解家族的历史，请他说说他最自豪的 2~3 件事。

（3）做一名记录者，制作家族谱系图：家族至少要有三代人的血亲关系；在每位家族成员下标明姓名、性别等信息；描述每一位家庭成员的性格特点、价值观，写下家族成员最自豪的 2~3 件事。格式：时间 + 地点 + 人物 + 事件 + 感受 + 对现在的意义。

（4）做一名思考者，通过访谈、记录等，发现家族和自己的内在联系，找到属于自己的性格、价值观，认识自己，并制作家族海报，可以配文字、图画和家族标志，做一张完美展现你家族气质的家族谱系图。

（5）请另附 A4 纸完成，建议做成海报的形式。

辅助材料：

访谈人员姓名________________，和我的关系________________。

访谈人员姓名________________，和我的关系________________。

访谈人员姓名________________，和我的关系________________。

访谈人员姓名________________，和我的关系________________。

访谈人员姓名________________，和我的关系________________。

我的家族性格：____。

我的家族价值观：______________________________________。

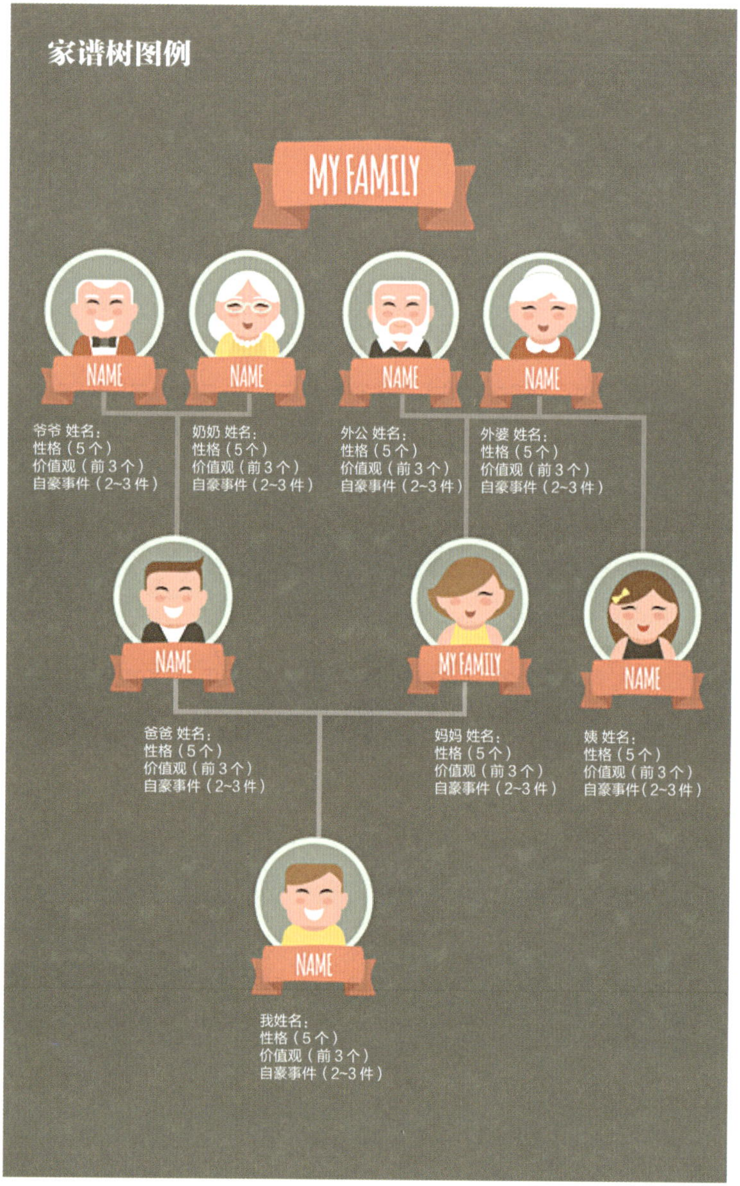

家谱树图例

其他补充材料：

性格词语：外向、活泼、热情、稳重、耿直、独立、谨慎、乐观、勇敢、勤劳、冲动、任性、固执、害羞、畏缩、胆小、安静、被动、抑郁、悲观、温柔体贴、聪明伶俐、善解人意、风趣幽默、积极进取、小心谨慎、正义正直、多愁善感、淡泊名利、见利忘义、循规蹈矩、热心助人、积极负责。

价值观词语：民主、文明、自由、平等、敬业、利他、公正、友善、爱国、敬业、和谐、诚信。

学生作业一

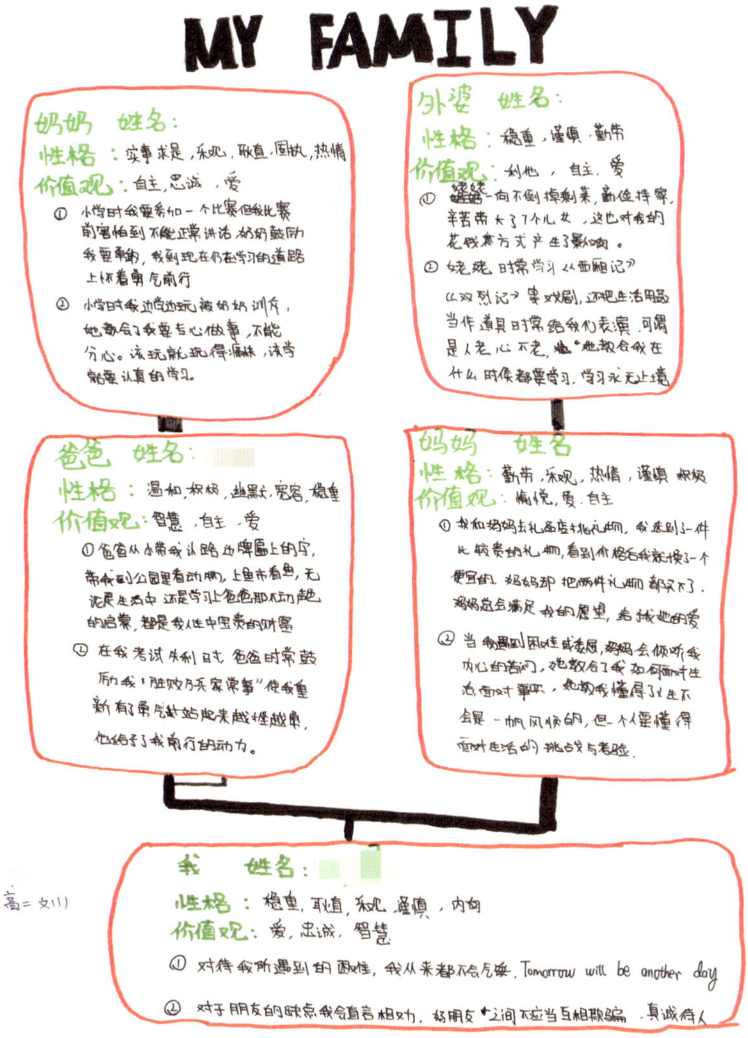
MY FAMILY
奶奶 姓名：
性格：实事求是，乐观，耿直，固执，热情
价值观：自主，忠诚，爱
① 小学时我要参加一个比赛但我比赛前害怕到不能正常讲话，奶奶鼓励我要勇敢，我到现在仍在学习的道路上怀着勇气前行
② 小学时我边学边玩被奶奶训斥，她教会了我要专心做事，不能分心。该玩就玩得痛快，该学就要认真的学习。
外婆 姓名：
性格：稳重，谨慎，勤劳
价值观：利他，自主，爱
① 一向不倒掉剩菜，勤俭持家，辛苦带大了7个儿女，这也对我的花钱方式产生了影响。
② 姥姥时常学习《西厢记》《双烈记》等戏剧，还把生活用品当作道具时常给我们表演，可谓是人老心不老，她教会我在什么时候都要学习，学习永无止境
爸爸 姓名：
性格：温和，积极，幽默，宽容，稳重
价值观：智慧，自主，爱
① 爸爸从小带我认路边牌匾上的字，带我到公园里看动物，上鱼市看鱼，无论是生活中还是学习上爸爸那不动声色的启蒙，都是我人生中宝贵的财富
② 在我考试失利时，爸爸时常鼓励我"胜败乃兵家常事"使我重新有了勇气站起来越挫越勇，也给予了我前行的动力。
妈妈 姓名
性格：勤劳，乐观，热情，谨慎 积极
价值观：愉悦，爱，自主
① 我和妈妈去礼品店挑礼物，我选到了一件比较贵的礼物，看到价格后我就换了一个便宜的，妈妈却把两件礼物都买下了，妈妈总会满足我的愿望，给我她的爱
② 当我遇到困难或委屈，妈妈会倾听我内心的苦闷，她教会了我如何面对生活面对事实，她让我懂得了人生不会是一帆风顺的，但一个人要懂得面对生活的挑战与考验。
我 姓名：
性格：稳重，耿直，乐观，谨慎，内向
价值观：爱，忠诚，智慧
① 对待我所遇到的困难，我从来都不会气馁，Tomorrow will be another day
② 对于朋友的缺点我会直言相对，好朋友之间不应当互相欺骗，真诚待人
高二 文(1)

学生作业二

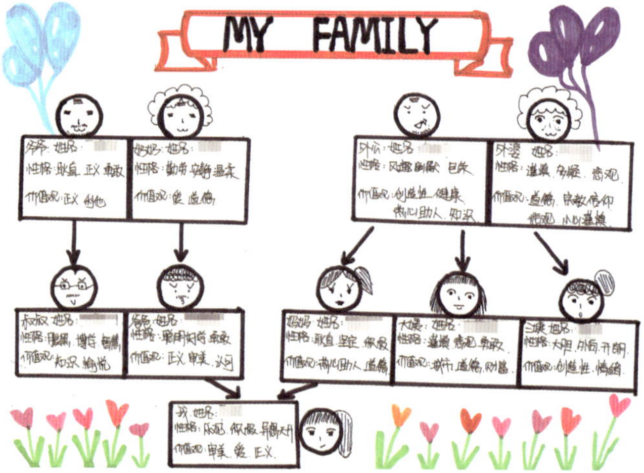
MY FAMILY
爷爷 姓名：
性格：耿直 正义 勇敢
价值观：正义 利他
奶奶 姓名：
价值观：爱 道德
外公 姓名：
价值观：创造性 健康
热心助人 知识
外婆 姓名：
性格：谨慎 乐观
价值观：道德 宗教信仰
叔叔 姓名：
价值观：知识 愉悦
爸爸 姓名：
价值观：正义 审美
妈妈 姓名：
性格：耿直 坚定
价值观：热心助人 道德
大姨 姓名：
性格：谨慎 乐观 勇敢
价值观：道德
三姨 姓名：
性格：大胆 外向 开朗
价值观：创造性
我 姓名：
价值观：审美 爱 正义

学生作业三

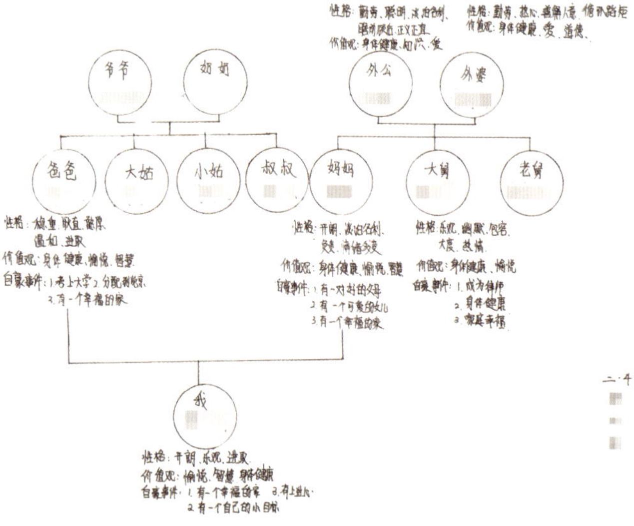
爷爷
奶奶
外公
外婆
爸爸
大姑
小姑
叔叔
妈妈
大舅
老舅
性格：勤劳、热心
价值观：身体健康、爱、道德、
价值观：身体健康、知识、爱
性格：耿直、憨厚、
温和、进取
价值观：身体健康、愉悦、智慧
自豪事件：1.考上大学 2.分配到北京
3.有一个幸福的家
性格：开朗、
价值观：身体健康、愉悦、智慧
自豪事件：1.有一对好的父母
2.有一个可爱的女儿
3.有一个幸福的家
性格：乐观、幽默、包容、
大度、热情
价值观：身体健康、愉悦
自豪事件：1.成为律师
2.身体健康
3.家庭幸福
我
性格：开朗、乐观、进取
价值观：愉悦、智慧、身体健康
自豪事件：1.有一个幸福的家
2.有一个自己的小目标

学生作业四

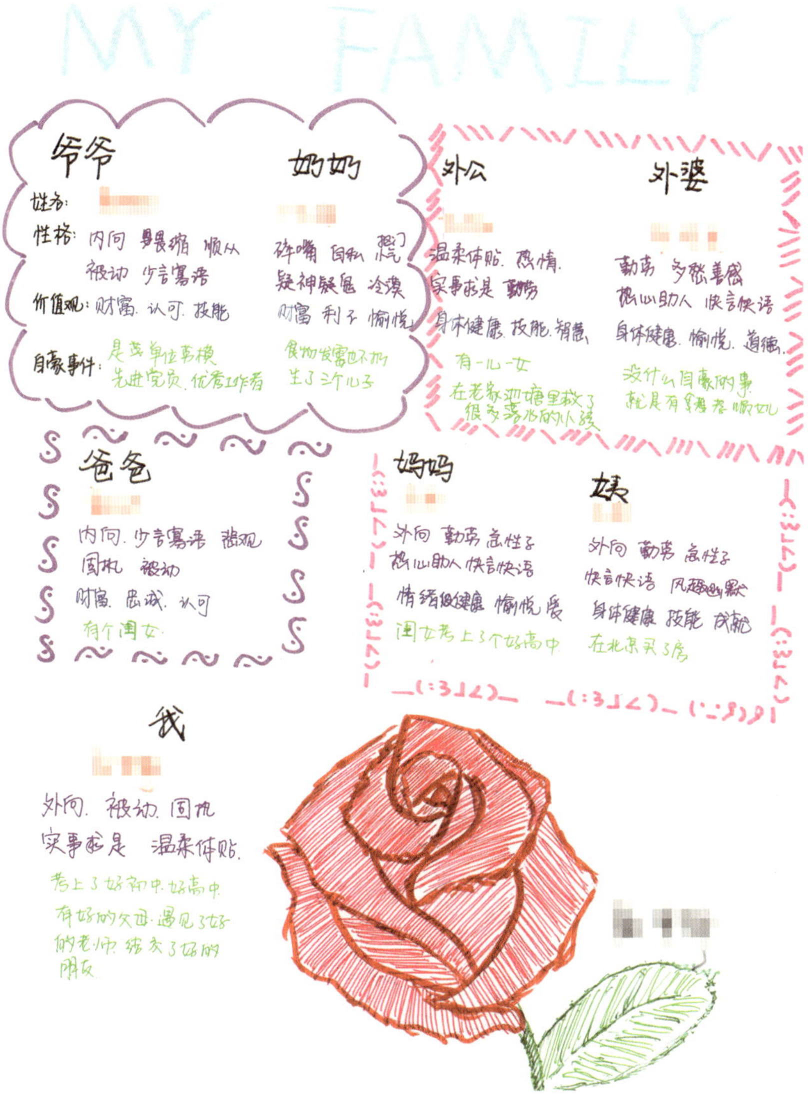
MY FAMILY
爷爷
姓名：
性格：内向 畏缩 顺从 被动 少言寡语
价值观：财富 认可 技能
自豪事件：是其单位劳模 先进党员 优秀工作者
奶奶
碎嘴 自私 懒惰 疑神疑鬼 冷漠
财富 利益 愉悦
食物发霉也不扔 生了三个儿子
外公
温柔体贴 热情 实事求是 勤劳
身体健康 技能 智慧
有一儿一女
在老家池塘里救了很多落水的小孩
外婆
勤劳 多愁善感 热心助人 快言快语
身体健康 愉悦 道德
没什么自豪的事 就是有个孝顺女儿
爸爸
内向 少言寡语 悲观 固执 被动
财富 忠诚 认可
有个闺女
妈妈
外向 勤劳 急性子 热心助人 快言快语
情绪健康 愉悦 爱
闺女考上了个好高中
姨
外向 勤劳 急性子 快言快语 风趣幽默
身体健康 技能 成就
在北京买了房
我
外向 被动 固执 实事求是 温柔体贴
考上了好初中、好高中 有好的父母 遇见了好的老师 结交了好的朋友

学生作业五

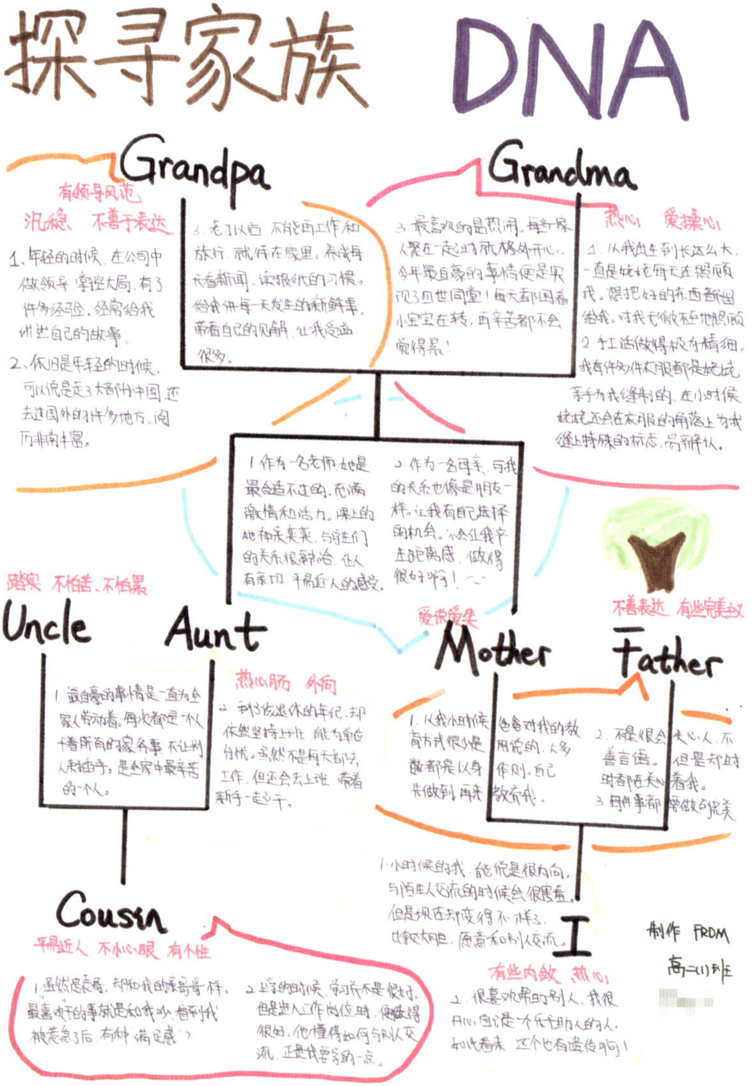
探寻家族 DNA
Grandpa
有领导风范
沉稳、不善于表达
1、年轻的时候，在公司中做领导，掌控大局，有了许多经验。经常给我讲述自己的故事。
2、依旧是年轻的时候，可以说是走了大部分中国，还去过国外的许多地方，阅历非常丰富。
3、老了以后，不能再工作和旅行，就待在家里。养成每天看新闻、读报纸的习惯。给我讲每一天发生的新鲜事，带着自己的见解，让我受益很多。
Grandma
3、最喜欢的是热闹，每当一家人聚在一起时就格外开心。今年最自豪的事情便是实现了四世同堂！每天都围着小宝宝在转，再辛苦都不会觉得累！
热心 爱操心
1、从我出生到长这么大，一直是姥姥每天在照顾我。想把好的东西都留给我。对我无微不至地照顾。
2、针线活做得极为精细。我有许多件衣服都是姥姥亲手为我缝制的，在小时候姥姥还会在衣服的角落上为我缝上特殊的标志，易辨认。
1、作为一名老师，她是最合适不过的，充满激情和活力。课上的她神采奕奕，与学生们的关系很融洽，让人有亲切、平易近人的感受。
2、作为一名母亲，与我的关系也像是朋友一样，让我有自己选择的机会，不会让我产生距离感，做得很好哟！
踏实 不怕苦、不怕累
Uncle
Aunt
热心肠 外向
1、最自豪的事情是一直为全家人劳动着。每次都是一个人干着所有的家务事，不让别人来插手。是全家中最辛苦的一个人。
2、到了该退休的年纪，却依然坚持上班，能为单位分忧。虽然不是每天都去工作，但还会去上班，带着新手一起干。
爱说爱笑
Mother
不善表达 有些完美主义
Father
1、从我小时候，爸爸对我的教育方式很少是用说的，大多数都是以身作则，自己先做到，再来教育我。
2、不是很会关心人，不善言语。但是却时时都在默默关心着我。
3、每件事都要做到完美
1、小时候的我，能说是很内向。与陌生人交流的时候会很害羞。但是现在却变得不一样了，比较大胆，愿意和别人交流。
I
有些内敛 热心
2、很喜欢帮助别人，我很开心自己是一个乐于助人的人。如此看来，这个也有遗传啊！
Cousin
平易近人 不小心眼 有个性
1、虽然是表哥，却和我的亲哥哥一样，最喜欢干的事就是和我吵，看到我被惹急了后，有种“满足感”？
2、上学的时候，学习并不是很好。但是进入工作岗位时，便做得很好，他懂得如何与别人交流，正是我要学的一点。
制作 FROM
高二(1)班

学生作业六

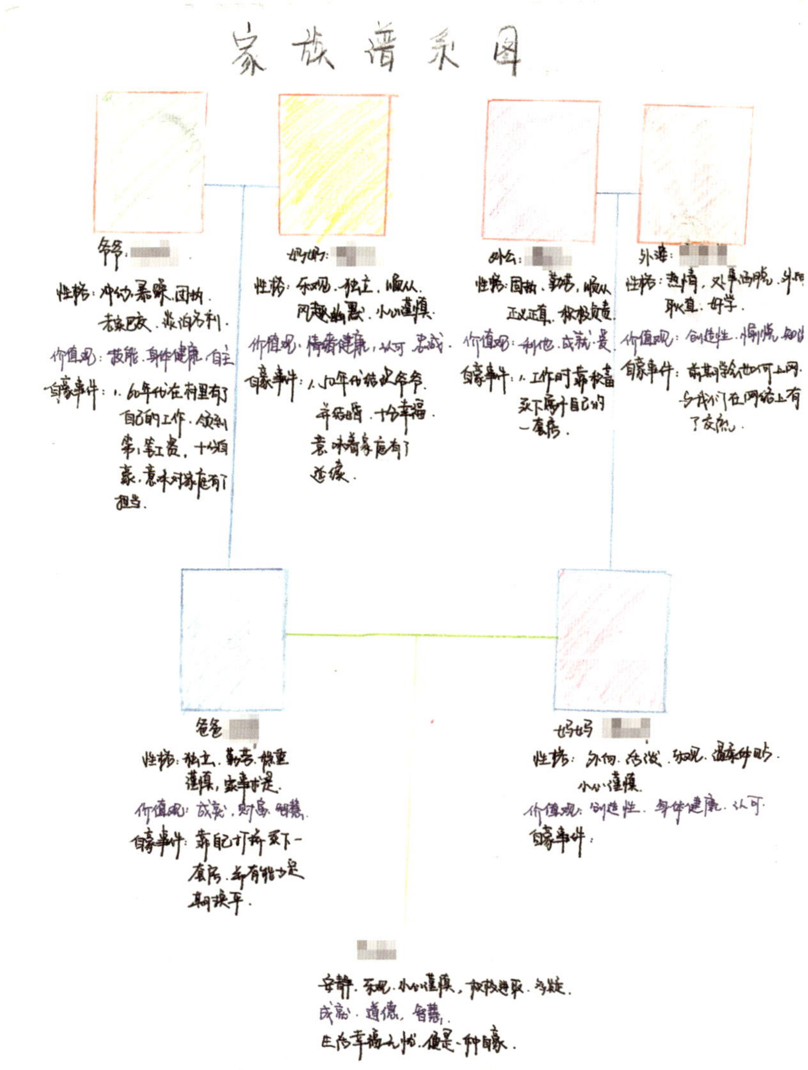
家族谱系图
爷爷：
性格：冲动、暴躁、固执、老实巴交、淡泊名利。
价值观：技能、身体健康、自主
自豪事件：1. 60年代在村里有了自己的工作，领到第1笔工资，十分自豪，意味对家庭有了担当。
奶奶：
性格：乐观、独立、顺从、风趣幽默、小心谨慎。
价值观：情绪健康，认可、忠诚。
自豪事件：1. 50年代结识爷爷并结婚，十分幸福，意味着家庭有了延续。
外公：
性格：固执、勤劳、顺从、正义正直、积极负责。
价值观：利他、成就、美。
自豪事件：1. 工作时靠积蓄买下属于自己的一套房。
外婆：
性格：热情、
耿直、好学。
价值观：创造性、
自豪事件：
与我们在网络上有了交流。
爸爸
性格：独立、勤劳、稳重、谨慎，实事求是。
价值观：成就、财富、智慧。
自豪事件：靠自己打拼买下一套房，并有能力买车。
妈妈
性格：外向、活泼、乐观、温柔体贴、小心谨慎。
价值观：创造性、身体健康、认可。
自豪事件：
安静、乐观、小心谨慎，积极进取、多疑。
成就、道德、智慧。
生活幸福无忧，便是一种自豪。

学生作业七

MY FAMILY
爷爷
奶奶
姥姥
爸爸
妈妈
我

学生作业八

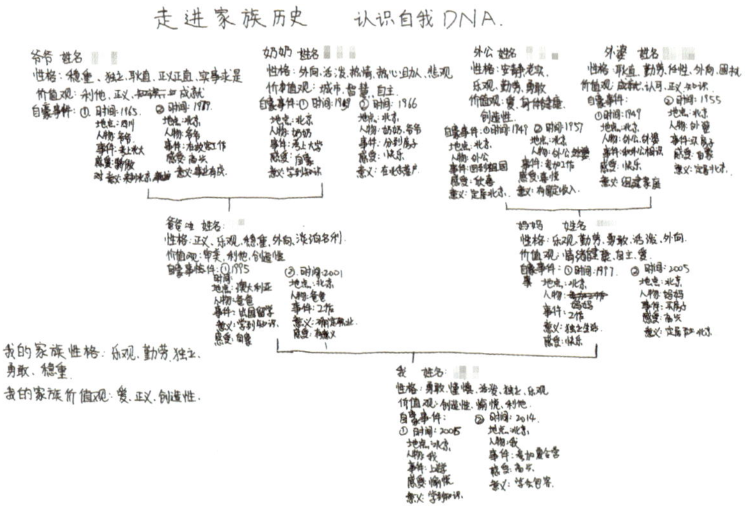
走进家族历史 认识自我DNA.
我的家族性格：乐观、勤劳、独立、勇敢、稳重
我的家族价值观：爱、正义、创造性

学生作业九

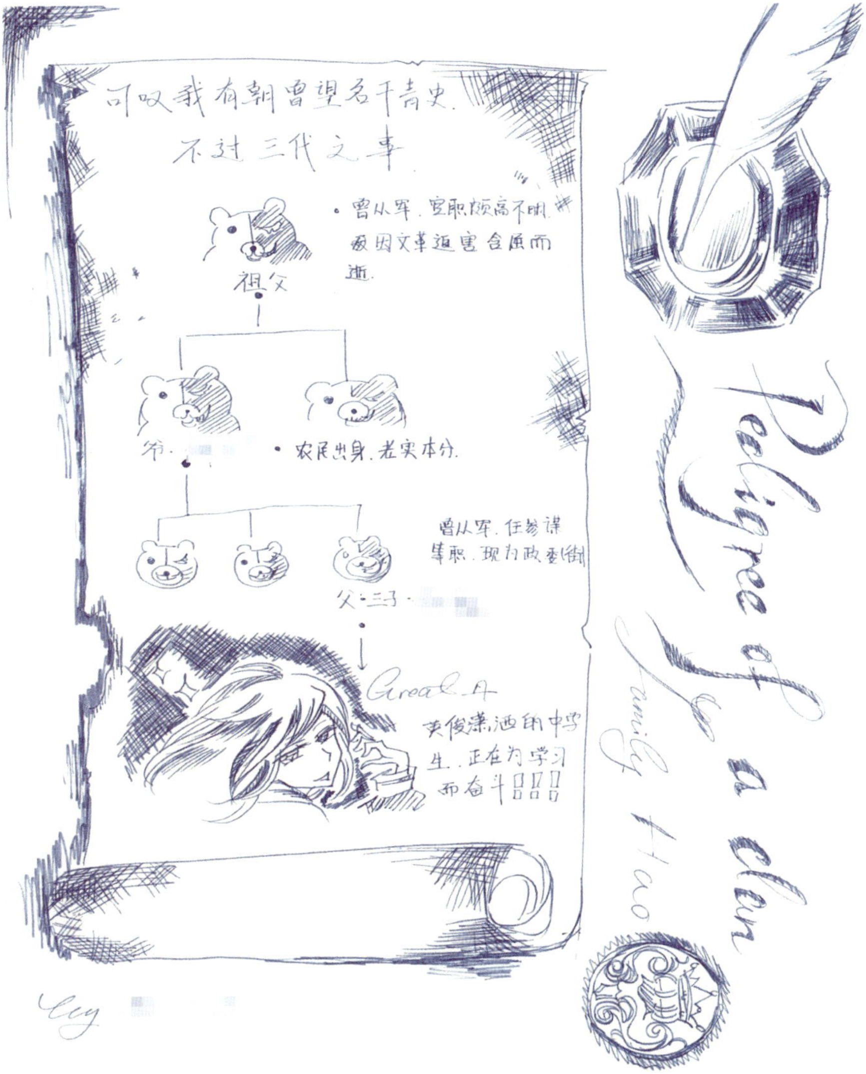
可叹我有朝曾望名千青史.
不过三代之事
•曾从军.官职颇高不明.
后因文革迫害含屈而逝.
祖父
爷.
•农民出身.老实本分.
曾从军.任参谋等职.现为政委(街)
父:三子.
Great A
英俊潇洒的中学生.正在为学习而奋斗!!!!
Pedigree of a clan
Family Hao

学生作业十

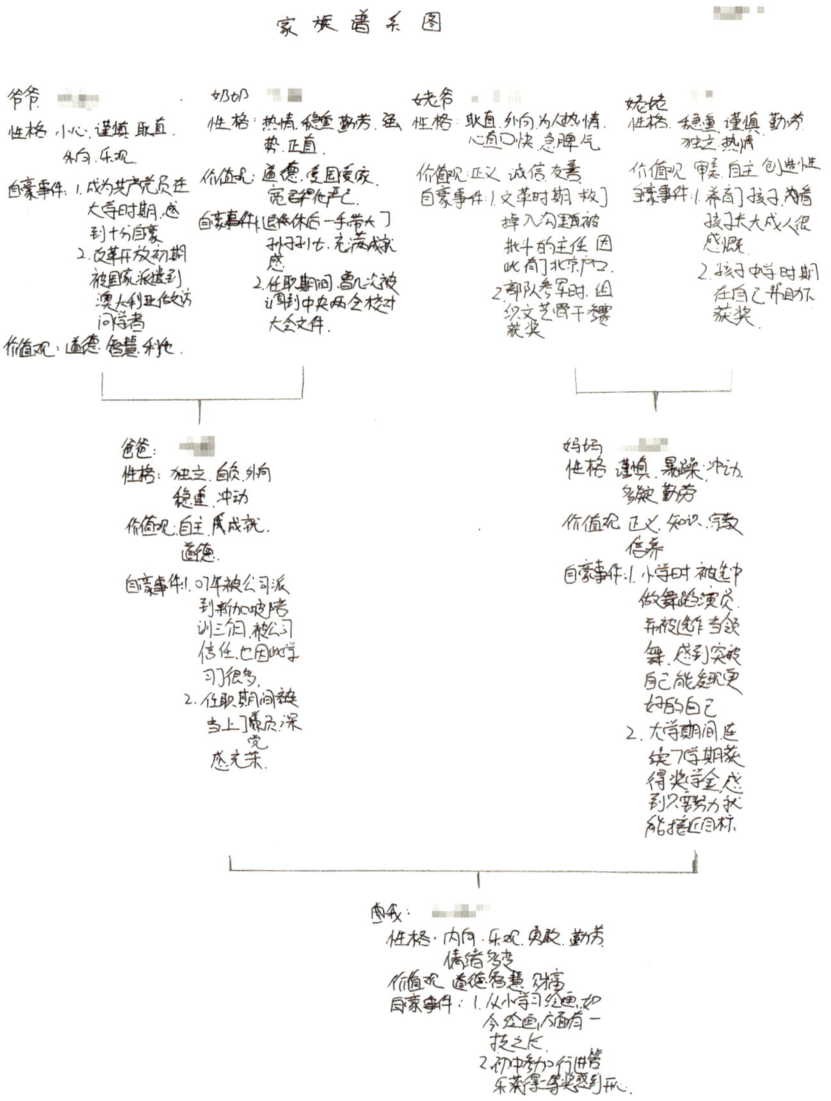
家族谱系图
爷爷
性格：小心、谨慎、耿直、外向、乐观。
自豪事件：1. 成为共产党员在大学时期，感到十分自豪
2. 改革开放初期被国家派遣到澳大利亚做访问学者
价值观：道德、智慧、利他。
奶奶
性格：热情、稳重、勤劳、强势、正直。
价值观：道德、爱国爱家、完善自我。
自豪事件：1. 退休后一手带大了孙子孙女，充满成就感
2. 任职期间，曾几次被调到中央两个校对大会文件。
姥爷
性格：耿直、外向、为人热情、心直口快、急脾气
价值观：正义、诚信、友善
自豪事件：1. 文革时期救了掉入沟里面被批斗的主任，因此有了北京户口。
2. 部队参军时，组织文艺骨干参赛获奖
姥姥
性格：稳重、谨慎、勤劳、独立、热情
价值观：审美、自主、创造性
自豪事件：1. 养育了孩子，看着孩子长大成人很感慨。
2. 孩子中学时期在自己帮助下获奖。
爸爸
性格：独立、自负、外向、稳重、冲动
价值观：自主、成就、道德。
自豪事件：1. 07年被公司派到新加坡培训三个月，被公司信任，也因此学习了很多。
2. 任职期间被当上了店长，深感光荣。
妈妈
性格：谨慎、暴躁、冲动、多疑、勤劳
价值观：正义、知识、宗教信仰
自豪事件：1. 小学时被选中做舞蹈演员，并被选作当领舞，感到突破自己能发现更好的自己
2. 大学期间连续7学期获得奖学金，感到只要努力就能接近目标。
自我：
性格：内向、乐观、勇敢、勤劳、情绪多变
价值观：道德、智慧、财富
自豪事件：1. 从小学习绘画，如今绘画方面有一技之长。
2. 初中参加行进管乐获得一等奖感到开心。

学生作业十一

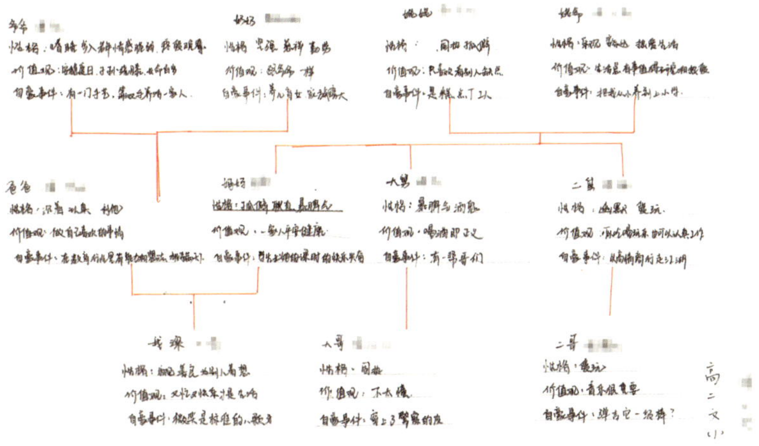

学生作业十二

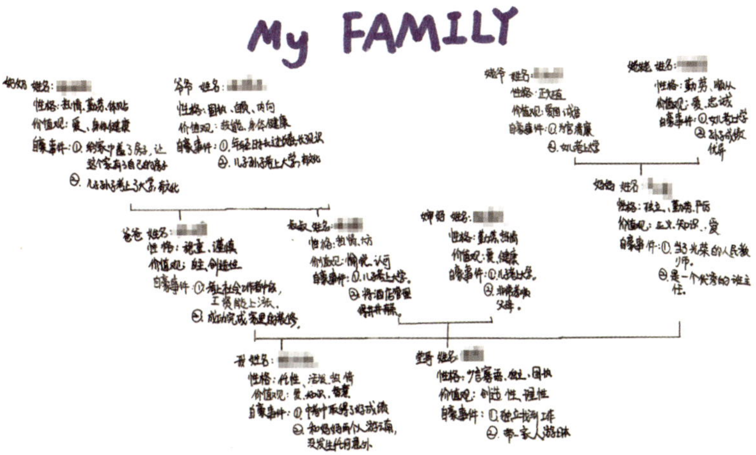

学生作业十三

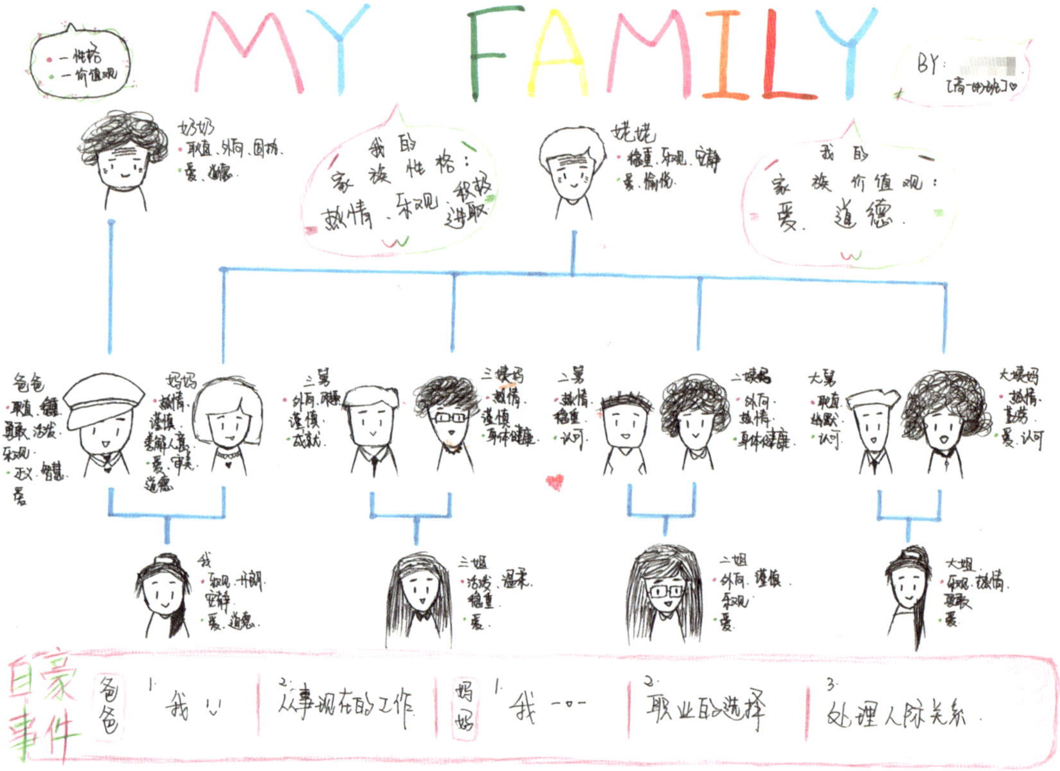
MY FAMILY
·一性格
·一价值观
BY:
[高一(4)班]
奶奶
·耿直、外向、固执。
·爱、道德。
我的家族性格：
热情、乐观、积极进取
姥姥
·稳重、乐观、安静
·爱、愉悦。
我的家族价值观：
爱、道德。
爸爸
勇敢、活泼、乐观
·正义、智慧、爱
妈妈
·热情、谨慎、善解人意
·爱、审美、道德
三舅
·外向、
谨慎、
·成就。
三舅妈
·热情、谨慎
·身体健康。
二舅
·热情、稳重、
·认可。
二舅妈
·外向、热情、
·身体健康。
大舅
·耿直、幽默
·认可
大舅妈
·热情、勤劳、
·爱、认可
我
·乐观、开朗、安静
·爱、道德。
三姐
·活泼、温柔、稳重
·爱。
二姐
·外向、谨慎、乐观
·爱
大姐
·乐观、热情、勇敢
·爱
自豪事件
爸爸
1. 我
2. 从事现在的工作
妈妈
1. 我
2. 职业的选择
3. 处理人际关系

案例 3

探索职业之路
——“我最想了解的职业”访谈

Tomorrow is a new day

——陈经纶中学生涯人物访谈活动

请同学们在寒假中，根据“我有能力做的职业，我感兴趣的职业，父母希望我从事的职业”，采访 3 位职业人物（如有重合，请找同一职业的不同个体，进行访谈），形成自己的职业调查报告，欢迎拍照片分享！

我有能力做的职业：______________________（3 项以内）。

我感兴趣的职业：______________________（3 项以内）。

父母希望我从事的职业：______________________（3 项以内）。

我设想的访谈人物：______________________。

访谈问卷

职业人物姓名：　　　性别：　　年龄：　　　单位名称：

职业：　　　　职位：　　　访谈时间：　　月　　日　　时

我的访谈理由

访谈问题：

（1）在工作方面，您每天都做些什么？

（2）现在的职业，您最喜欢什么，最不喜欢什么？

（3）工作带给您的生活状态是什么样的？（工作时间是几点到几点？是否经常加班？出差频繁吗？工资水平怎么样？工作环境男性多还是女性多？着装要求？喝酒应酬多吗？工作压力来自什么地方？您觉得这个职业在什么方面进行调整会让您更愿意工作？）

（4）您认为什么样的个人品质、性格和能力对做好这份工作来讲是重要的？

（5）这个职业的招聘条件是什么样的？

（6）请对这个职业或行业，进行下未来展望（优势、劣势、机遇、挑战）。

（7）您以前的专业是什么，现在职业和它有什么关系？如果重来一轮，您会如何安排高中的学习和生活？请给我一些建议。

（8）补充问题：

职业人物签名：

我的访谈感受：

调查建议

（1）首先要取得父母的协助，有他们的支持，你会有丰富的资源来完成这个活动。

（2）请制订一个详细的计划，都需要调查谁，什么时间调查，什么方式调查，是用访问还是打电话，如何和他们说明你要做的事情。

（3）访谈的时候一定要做好记录，然后整理起来。

访谈案例一

班级：高二（1）班　　姓名：张雨桐

访谈对象职业：护士　　访谈对象职位：特需门诊护士

访谈问题：

（1）在工作方面，您每天都做些什么？

答：主要负责分诊，解答患者的咨询。

（2）现在的职业，您工作了多久？您最喜欢什么？最不喜欢什么？

答：现在的职业是特需门诊护士，参加工作20年了。我很喜欢护士这个职业，帮助患者就医；最不喜欢需要出差的工作。

（3）工作带给您的生活状态是什么样的？

答：工作时间一般是早上八点到下午四点，基本不加班，不出差，有时有值班任务。工资水平比较高，工作环境女性较多，着装要求着护士服。没有喝酒应酬，工作压力来自患者的要求。目前，我认为这个职业没有什么需要调整的。

（4）您认为什么样的个人品质、性格和能力对做好这份工作来讲是重要的？

答：干护士这个工作，首先就要有耐心，无论是面对患者或者患者家属都要耐心地解答完他们的问题，不能与患者发生冲突。其次要善于与他人交流，要有很强的亲和力、沟通能力以及语言表达能力。另外，还要具有高度的责任心，良好的职业道德，严谨的工作态度，较强的综合分析能力，敏锐的洞察力，这样才能胜任这项工作。

（5）这个职业的招聘条件是什么样的？

答：护理专业中专以上，取得护士职业资格。

（6）请对这个职业或行业，进行下未来展望（优势、劣势、机遇、挑战）。

答：我认为这个行业发展前景良好。随着人们生活水平的提高，人们对于医疗单位的要求也就更高，这对我们提出了新的挑战。

（7）您以前的专业是什么？现在的职业和它有什么关系？如果重来一轮，您会如何安排高中的学习和生活？请给我一些建议。

答：我以前的专业是护理专业，与工作紧密相连。如果重来一轮，我会更加努力，更加合理地分配学习和生活的时间，掌握“度”，提高自己的学习效率。

（8）请写下 3 个您觉得最适合形容您所从事的职业或行业的词。

答：沟通、耐心、责任心。

我的访谈感受：

通过访谈，我了解了作为一名护士所应该具备的基本素质，知道了当一名护士的不容易，既要耐心地面对患者的咨询，又要对患者有高度的责任心和爱心，这样才能帮助他们更快地恢复。通过访谈，我更觉得护士这一职业是神圣的，怪不得护士被称为“天使”的职业。

访谈案例二

班级：高二文（1）班　　姓名：杨雁秋　　访谈对象职业：猎头顾问

访谈对象职位：高级顾问　　单位名称：××人力资源顾问有限公司

访谈问题：

（1）在工作方面，您每天都做些什么？

①与职业经理人就职业规划和机会选择进行电话或者见面沟通。

②与甲方企业就人才需求方面进行电话或者见面沟通。

③全程帮助职业经理人与客户之间进行匹配，最终实现三赢。

（2）现在的职业，您工作多久了？

一年半的时间。

（3）对于您的职业，您最喜欢什么，最不喜欢什么？

①喜欢：

每天与城市当中最优秀的人进行交流，不但可以帮助他们，更可以激励自己不断前行。

每天与各行各业的企业进行交流，也可以帮助他们，更可以站在第三方的视角去宏观地看待整个行业。

②不喜欢：

猎头行业的发展尚处于初级阶段，行业有待于整合，不正规、不专业的现象充斥整个行业。

（4）工作带给您的生活状态是怎样的？

①工作时间是几点到几点？早上9点至晚上8点半。

②是否经常加班？经常。

③出差频繁吗？不频繁。

④工资水平怎么样？比较可观。

⑤工作环境男性多还是女性多？女性。

⑥着装要求？有一定的着装要求。

⑦喝酒应酬多吗？不多。

⑧对于喝酒应酬，您通常是如何应对？ 基本没有。

（5）您是如何处理工作中上下级和同级间的人际关系的？

①对待上级：尊重并坦诚交流，不避讳、不隐瞒，不溜须拍马。

②对待同级：团队协作，共赢。

③对待下级：沟通、交流、坦诚，初期阶段帮助其成功提升他的自信心。（一位下级在入职的三个月的时间，帮助他一起完成一个近 20 万的 case，不仅扭转了她自己内心的恐慌，而且极大地提升了在以后工作上的自信心）。

（6）工作压力主要来自于什么地方？面对工作压力您又是如何去调节从而更好地投入并完成工作呢？

做任何工作都会有压力，主要是看遇到压力时你的心态是怎么样的，然后用什么样的方法去处理，当我在刚毕业不久之后来到企业，压力可想而知；而我当时处理的方式就调整好自己的心态，相信很重要，正能量很重要，遇到压力退缩或者质疑自己都是在浪费时间与精力，相信自己，坚持地做下去，在做的工作中不断归纳、总结、学习，就能一步步的做好。

（7）您觉得这个职业在什么地方进行调整，会让您更愿意工作？或者说更有动力去工作？请简述一下这样调整的理由。

整个行业变得更加成熟，21 世纪中国最大的成本是信任的成本，在这个行业同样如此，甲方和乙方能够更加信守承诺、互惠互利，尊重双方，获得共赢。

（8）您认为什么样的个人品质、性格和能力对做好这份工作是重要的？

这个职业是顾问 + 业务的工作，所以是整合能力比较强的一个职业。

基础能力：企图心 + 理想 + 综合能力（语言沟通 + 逻辑思维 + 人际关系处理）。

进阶：足够的 open+ 持久和坚韧。

高阶：不断学习 + 不断地创新与微创新。

（9）如果是您负责这个职业的简历筛选，您会以什么标准去筛选？换句话说，您认为您这个职位的招聘条件是什么样的？

企图心 + 理想 + 综合能力（语言沟通 + 逻辑思维 + 人际关系处理）。

足够的 open+ 持久和坚韧。

愿意为了自己的长期目标而不过度计较个人得失，和企业共同成长很重要。

（10）现今社会不仅行业内竞争压力大，不同行业之间、不同职业之间的竞争压力也有着强化趋势。请您谈谈您对于您的职业和您所在的行业的未来展望。

①优势：这个行业已经在不断变革和创新，视角在不断改变，效能在不断提高。

②劣势：猎头的行业是做人的生意，主要是利用信息不对称，但是互联网在不断发展，大数据不断发展，信息慢慢都不再是优势，各种互联网平台（猎聘、拉钩、人人）会不断冲击着传统猎头。

③机遇：行业处于初级阶段的朝阳行业，行业内的公司在不断整合，并购是下一个大的趋势，对于迅速上位和一统江湖这是一个很好的年代。

④挑战：目前猎头公司普遍的规模不是特别大，而老板到底是为了短期赚钱还是以行业发展为目标就尤为重要。

（11）有些人专业和现今的工作并不对口，想问您曾经在大学学习的专业是什么？

公共事业管理。

（12）如果时光倒流，您会如何安排高中的学习和生活，为未来的自己做足准备？又会如何选择自己的专业呢？请简述理由并给予我的高中生活一些建议。

世界在发展，社会在变革，传统的应试教育势必会慢慢变革，高素质的人才不再只是学历背景好，在尤为关键的高中生活，踏实学习是基础，除此之外，慢慢培养自己的综合素质，提升自己的涵养，做一个“健全”的人，而不是只会读书的人。

专业上还是要结合自己的爱好、长期目标、软性素质去决定；不要盲目跟随潮流，觉得这个有前途、能赚钱就选，任何成功都不是投机取巧，一定是通过努力得来，所以不是选了好的专业就一定能成功。

对访谈的建议和感受：

经验可以借鉴，但是千万不要复制，不要做下一个谁，而是第一个自己才是最重要的。

访谈案例三

班级：高三（2）班　　姓名：李想

访谈对象职业：广告市场营销　　单位名称：北京 ×× 广告有限公司

访谈问题：

（1）在工作方面，您每天都做些什么？

统计数据、市场分析、把控项目进展、活动执行。

（2）现在的职业，您工作多久了？

工作三年了。

（3）对于您的职业，您最喜欢什么，最不喜欢什么？

最喜欢头脑风暴。

最不喜欢数据统计这类较为繁琐的工作。

工作带给您的生活状态是什么样的？

工作时间朝九晚六，经常加班，出差也比较频繁。月薪在8000~10000之间。工作环境中男性和女性的比例大致相等。着装没有硬性要求，不一定要穿正装，但要穿着得体。喝酒应酬较多。工作压力主要来自于专业知识的增进。希望可以少加班，多给职员一些自由放松的时间。

（4）您认为什么样的个人品质、性格和能力对做好这份工作来讲是重要的？

从事我们这类职业的人员需要有一定的抗压性，遇事要随机应变，所以我也一直比较注重自己的应变能力。另外我们经常需要和其他人员进行交接，以及和客户之间进行交流，所以高情商，说话的技巧也是非常重要的。

（5）这个职业的招聘条件是什么样的？

要求主观能动性较强，抗压能力较强。

（6）请对这个职业或行业，进行下未来展望（优势、劣势、机遇、挑战）。

随着时代发展，传媒融入生活，与生活之间的联系越发紧密，因此这类行业前景比较可观。与此同时，需要我们不断巩固专业知识，时时跟进热点动态，同时增强自己的抗压能力，我想这对于我们来说也是不小的挑战。

（7）您以前的专业是什么，现在职业和它有什么关系？如果重来一轮，您会如何安排高中的学习和生活？请给我一些建议。

专业是服装设计。现在的职业也需要一定的审美能力，我想也是离不开专业的培养。如果重来一轮，我会在高中的时候把更多时间投入外语的学习，毕竟现在与一些国外人员的交涉也是必不可少的，包括可能会去国外出差等。因此熟练掌握一门外语真的是至关重要。

我的访谈感受：

学生生活要比职场简单太多，目前我们感受不到职场人际关系的复杂。想在自己的事业上取得一番成就，过硬的专业知识是必需的，但同时也需要我们有较高的情商，学会和他人相处，学会去释放压力。等我们走入职场，来自各方面的压力接踵而至，我们需要仔细考量我们有没有足够强的抗压能力。曾听别人说过，学习的简单就在于只要你努力就一定能看到成效，但当你走入社会，走入职场，你才会发现有很多事情是即使努力也是没有结果的。我们作为高中生，要不断提升自己的学习能力，等到了大学，术业有专攻的阶段，要丰富自己的专业知识，提升自己的抗压能力，做好充分的心理准备，这样才能使我们的职业生涯能够更加顺利和光明。

访谈案例四

班级：高三（4）班　　　　　　姓名：徐铭远

访谈对象职业：国际贸易　　　访谈单位名称：北京 ×× 有限责任公司

访谈问题：

（1）在工作方面，您每天都做些什么？

一般情况下，会在前天晚上就考虑好，明天要干的事情。对于需要紧急处理的工作，上班后立马安排。日常工作就是围绕所管辖的业务范围，听取汇报、开会、提出指导性意见，有需要自己出面解决的，有需要出差的，一天工作量很饱满。

（2）现在的职业，你工作了多久，你最喜欢什么，最不喜欢什么？

从事国际事务工作，自 1992 年开始，已经有 25 年了。

最喜欢按照自己的想法做事。

最不喜欢的是自己的工作思路无法实施和整个团队没有一股向上的正能量。

（3）工作带给您的生活状态是什么样的？

工作时间一般是早八点到晚八点，甚至会更早或更晚一些吧！加班是经常的事，因为是从事贸易工作，至于出差，是尽量避免，要是出差的话也会排满时间，尽早回来。因为单位和家里还有许多事需要处理。工资水平这个要保密的。工作环境中男女比例差不多吧！对于着装要求，平时干净整洁就好，见客户，尤其是外商时，要穿正装。国际工作与国内工作在喝酒方面还是有很大的不同的，一般喝酒应酬少。工作压力来自于，要干的事太多了，干不完！身边要是多一些有能力，悟性高的助手就更好了。

（4）您认为什么样的个人品质、性格和能力对做好这份工作来讲是重要的？

不怕笨，就怕工作不上心，不肯干，不肯学的人。所以，对于肯学和肯干的人我是喜欢的。当然了，对于工作内容的理解和悟性高的人，是最重要的，也是要重点培养的人。性格要阳光一些。

（5）这个职业的招聘条件是什么样的？

外语是第一位，其次是专业。

（6）请对这个职业或行业，进行下未来展望（优势、劣势、机遇、挑战）

随着物质文明的提高，人们对健康和治疗疾病的需求会越来越重视。故，医药行业是个朝阳行业也是未来大发展的行业。

（7）您以前的专业是什么，现在职业和它有什么关系？如果重来一轮，您会如何安排高中的学习和生活？请给我一些建议。

我学的是计算机应用，阴差阳错从事了国际贸易。如果能重来一回的话，我会坚持自我，我自小喜欢历史等文科类。我小的时候，很听父母的，不像现在的社会，你们都追求自我。其实，学什么并不重要，关键要看步入社会后你是否用心做事，而大学是一个关键点，在你今后的人生发展过程中是较为重要的一环，大学时要保持一股向上的冲劲，会使你的人生之路越走越宽。

（8）补充问题：对于我今后，您有什么期望

希望你能克服毛躁性格，不要骄傲自满，要明白天外有天，人外有人。要学会尊重别人，做事先做人。对于做事，要有“亮剑”精神。时刻保持乐观向上的态度。

我的访谈感受：

经过这次的访谈，我才知道做国际贸易是一件多么不容易的事，与外商交谈、谈判以及友谊性的交流，哪一项都不是简简单单的运用我们本身的思维可以处理好的。首先要了解外商本国的经济与一部分文化风俗等，这样才能更好地与外商沟通，并不仅是外语好就可以的。这是一项集经验、人脉、经历、能力与知识于一体的一项高难度职业，并不是一项将喝酒应酬之类的表面任务简单勾连的工作。其次是要有很强的经济知识，读报表、看数据、分析数据等都是必修课，虽然看似容易但是想看透彻一样不易。最后，就是一个队伍领导的职责和领导力，作为一个队伍甚至是一个公司的管理者，他所要考虑的并不是单纯的数据，不是如别人所说地坐在办公室什么都不干只对下属耀武扬威。一个领导所要顾及的，所需承担的远比一个被领导的职员要多得多。

案例 4

探索职业之路
——职业见习日记录

找到梦想的降落伞

——陈经纶中学职业见习日

亲爱的同学：

你们好！带着愉快的心情，暑假来到我们身边，陈经纶中学心理咨询室邀请你参与到我们有趣的探索活动中来。在这里，我们将思考自己的职业之路，发现自己的兴趣点和今后的职业规划；在这里，你将以参与者的身份，实地的进行工作体验；在这里，你是一个行动者、思考者、发现者、实施者，让我们怀揣自己的理想，踏上职业之路的征途！

请同学们在暑假中，根据自我情况，以个人或小组的形式开展职业见习日的活动。目的在于开启职业意识，实践职业理想，架起理想和现实之间的桥梁。

一、活动时间：

暑假中的一天。

二、活动形式有三种（任选其一）：

（1）如父母、亲友可提供资源，可以选取他们所在行业中的初级职业（新入职员工的职位）进行一天的职业体验。

（2）找一个单位实习，进行不少于一天的实习体验。

（3）找一位初级（工龄少于两年）的工作者，跟随他工作，详细观察、体会他的工作。

三、成果形式：

请记录下一天工作的详细情况，制作工作日志，并写下感受。上交体验过程及感受的文字和照片，若一个人进行见习，请上交 500 字以上的文字稿，两张以上的照片。若小组进行见习，可按个人才能进行分工，总体上交一份制作精美，1500 字以上的文字稿，5 张以上的照片（A4 纸大小，打印、手写均可，请在前面注明姓名、班级）。

开学后，我们将以班级为单位，进行成果展示。

工作日志

班级：		个人姓名（或小组名称）：		
实践单位名称：		实习（见习）职位：		
实践单位联络人姓名：		身份（与你的关系）：		
时间段	工作内容	所需硬性素质（如计算机技能、外语技能等）	所需软性素质（如耐心、仔细）	突发事件
例：8：45~9：00	9：00 正式上班，之前收拾桌子、了解今天的活动	计算机技能	跟人沟通的技能	

体验感受（个人 500 字以上，小组 1500 字以上，照片另附）：

注：此工作日志仅做参考，请同学另附 A4 纸张，进行填写。

实习介绍信

尊敬的________________ ：

您好！在校高中生参加职业见习活动是学生生涯发展的重要过程，是帮助学生成长的有效途径。我校心理咨询室提倡学生利用假期通过职业见习日的方式进行职业体验活动，兹介绍我校____年级班_____同学在暑假期间到贵单位进行职业体验活动，请给予大力支持！

此致

敬礼！

北京市陈经纶中学心理咨询室

____年____月____日

家长知情书

我是陈经纶中学高___年级__班_______同学的家长，我已知晓我的孩子将在暑假期间，参与职业见习日的活动，我同意孩子参与。我承诺在参与前对孩子进行相关安全教育，保证孩子见习期间的安全，并在孩子见习期间与孩子保持联系，确保了解其最新情况，协助孩子圆满完成见习活动。

家长签字：

____年____月____日

学生作业一：实习体验“小职员”的一天

班级：高二（10）班　　个人姓名：王昭格　　实习职业：小职员

实习单位名称：北京市 ×× 区农民专业合作社指导服务中心

实习单位联络人姓名：杨 ××　　身份：母亲

时间段	工作内容	所需硬性素质（如：计算机技能）	所需软性素质（如：耐心、仔细）	突发事件
8：45~9：00	9：00 正式上班之前收拾桌子，了解工作内容	计算机技能	仔细	无
9：00~11：00	修改文章（资料）	计算机技能、文化知识	耐心、认真、仔细	无

今天我去一个单位里面学习，也可以称之为实习，我本来想找一个与自己比较喜欢的专业相关的企业实习。而我又想自己一去不知又要给多少人带去麻烦，所以我就经妈妈介绍来到这个单位实习，这个单位可以说是一个政府机关。每天就是处理每个人分内的大小事，我被分配了一个打字的工作，而我知道这份文章不会再像我以前的“说说”那样，而变得更加严谨，更加要注意有无错字、错标点。一份文章要反反复复阅读十遍，而经过我的观察，除了我之外的工作人员。每一个人都是用智慧处理问题尽量让它解决得最为完美。当然其中也有为了达到某种目的而使用的小计策。而他们的干练着实让我佩服。其实我也有自己的梦想，小的时候我自己想当一名设计师，这个梦想从我小学四五年级一直伴到我初三毕业，但初三那个暑假我发现我的梦想或许不是要当名设计师，而是开个婚庆公司。因为我想开婚庆公司就是希望看见别人漂漂亮亮地与爱的人牵手，但或许那件美丽的婚纱，那个美丽的钻戒不是我设计得也无所谓，我或许只是喜欢那个美丽的场景，而那不是我真正的梦想。我也经历了一阵子没有梦想，我那段时间不知学习动力，而可喜的是现在我已经有了前进的动力，因为年龄长大，我升入高中，眼看就要面对人生的选择，进入大学。在大学中会找到自己一生为之奋斗的专业，就业方向，我相信我会载着梦想再次远航，并且满载而归，其实我讨厌庸庸碌碌的生活，我更喜欢一个人在办公室中一次打三个电话忙得不亦乐乎。

学生作业二：体验卖花郎收支赚赔，感受小商贩甜酸苦辣

活动时间：7 月 28 日至 8 月 5 日　　高一年级：闫渤浩

活动目的：通过卖花，体会经商的工作、心情、收入，获得人生经验等

活动小组组名：花　　组长：闫渤浩

参加活动组员及任务安排			
姓名	任务	姓名	任务
妈妈	进货员	闫渤浩	卖货
爸爸	后勤保障	闫渤浩	花束整理

主要活动：

妈妈的朋友在沙河种植了六个大棚的扶郎花，每三天把采下来的花批发到莱太花市。妈妈把一束鲜艳的红色扶郎花拿回家，全家非常喜欢，不停地拍照。边拍照妈妈边说这花先送到花市，再发给零售商。这花很有意思，三天长出来一支，不仅叫扶郎花、幸福花、还叫非洲菊、太阳花……我的心思突然动了一下，学校留作业让我们假期开展职业见习日，我何不做个卖花郎，体会一下小商贩的生活呢？我是个爱钱的人啊，这个想法和爸爸、妈妈一说，他们很是支持，妈妈联系进货，爸爸负责后勤保障，我无疑是充当卖花郎啦，经商开始啦！挣钱啦！

7 月 28 日	参观花棚：第一次看到幸福花的花棚，真是壮观，那一朵朵小花上面有着晶莹的露珠，鲜艳的颜色有深褐色的潮湿泥土做衬托，更加显得出它的高贵，几位花农辛勤采下来之后，要一支一支的给花头套上塑料的“头套”，这样做是为了防止花朵受损害，也就是给花朵一个保护膜，再 20 支一把捆扎好，包装好，一切工序完成后就可以拉到市场批发了。 进货：欣赏了美丽的花田，我和妈妈秘密合计了一下，批发了 50 把花，红色居多，还有黄色、紫色和橘色，其实我觉得还是紫色好看，但妈妈坚持说红色好看，于是之后进了红色偏多，装了整整一车。成本 5 元一把，共计 250 元，准备卖 15 元一把，这样就可以净赚 500 元啦！ 回家的途中想起要有东西来放花，于是又在家旁边的超市买了 5 个桶，准备用来放花。一个桶 15 元，共计 75 元。

7月29日	卖花开始啦！晚上我兴致勃勃的到小区门口摆起了地摊，旁边一个哥哥是卖果汁的，他很热情的和我说："放开了，吆喝吆喝。"但是卖出去的还是很少，我感受到了事态严重化。 晚上对着满屋的花思考明天怎么办？这时想到了他们卖花不都是要包装一下吗，所以我也给花包装了一下，马上就不一样了，真是如虎添翼啊，又想到我也可以换一下场地，到大悦城附近，那里人比较多。
7月30日	白天我到小天宇批发了彩带，到莱太花市批发了装花束的塑料袋，无意中发现莱太花市这样一把花要卖到28元！真是好贵，相比较之下我的好便宜，怎么会卖不出去呢？！我又有些信心了。 回家我们全家齐动员把花打扮了一下，装成花束，扎上丝带，做了主打七夕情人节的广告语，一切准备妥当，晚上准备大干一场！爸爸把花和我运到目的地，妈妈在旁边挎一包准备点钱。我坐在小马扎上静候买花人，看着路人繁忙快速的步伐，真的希望他们能驻足看看我这些傲人的"成果"。 期间我和旁边一位卖手工毛线编织花的哥哥结成同盟，一起卖花，一起吆喝，一起互相照顾，也计划好了城管来抄时怎么逃跑，不过还好惊险场景没有出现。 一插曲：其中还有一位美丽女士给我拍照，说回家要以我为榜样教育她家闺女，因为她闺女现在整天在家中睡觉打游戏，也不干正事，说让她看看我多么勤劳，我还不由得小小的骄傲了一下呢。 在大悦城附近摆地摊。我从晚上6点一直坐到10点，卖了5把花，15元一把，遇到砍价的就10元。我有些绝望了。这可是鲜花，照这速度，花都会烂的，怎么办呢？妈妈和爸爸也都有些不耐烦了，一个劲地说后天咱们要到坝上去玩，这满屋的花怎么办呢？哎，叹气，我们全家可是第一次对着如此好看的鲜花发愁啊。 经过集体商量我们决定明天到超市试试能否代销，因为毕竟商店超市买东西的人还是很多的，这个提议让我仿佛又看到了希望的曙光。
7月31日	联系附近三个超市能否代销鲜花，热情煽动的和他们说七夕节情人节要到了，应该会有很好的商机，好在他们最后都答应代销了，价格卖20元一束，一束我收14元，他们得6元。把花放到了三个超市门口，之后再把打印好的广告分发给他们，一切准备就绪了，之后就盼望着情人节一到会有畅销的好消息。

8月1日	家里终于没有花了，也没有了往日的艳丽，我仿佛又有点伤心，妈妈安慰我说：“这就是一次体验，卖多少都不错。”一大早，我们一家人和爸爸的朋友几家无比轻松地出发到坝上大滩！草原圣地！
8月2日	吃烤全羊、骑马，开草地车，一个字：爽！ 今天是中国的情人节七夕节，我在心中默默地许愿：我的花啊，多卖出去一些吧！
8月3日	晚上回到家，我迫不及待地去三家超市去看销量如何，结果是一家卖了两束，一家卖了4束，一家卖了10束。他们对我说：“人家都在问有没有玫瑰？你家的花还有黄色的，那是送给谁的你知道不？”我在心里默默地说：“知道了。” 我把所有花的腐烂根部剪掉，换上干净的水，书上说放一点盐，这样就不容易腐烂了，但是整个操作过程刺鼻的腐烂、臭水味道可不怎么样。心想明天能卖几个是几个，努力吧！后天这些花肯定无法卖了。
8月4日	盘点，三家超市一共卖了17把花，加上我卖的5把，一共卖掉22把，哎呀，又赚了不少钱呐，一心爱钱的我这样想着…… 剩下的花怎么办呢？这可是个难题啊，超市人员说：“拿走拿走吧。”有一家超市还说：“竟然有虫子，拿走吧。” 这附近有个公园，我恋恋不舍地把剩下的一部分花放在了公园边上，然后在旁边看着，一会就有人过来拿走了几把，说：“这花还不错呢，肯定是情人节没有卖完的花。”另一部分让我爸再出一次车，放到了东风公园门口，一会也被市民热情地拿走了，我心里挺高兴的，看着他们拿走那些花，有种被安慰了的感觉。

8月5日

结算账目：

支出	收入	盈利
购花钱：250 元	摆摊卖花：56 元	298−725=−427 元 也就是忙活好几天赔了 427 元！
桶：75 元	超市：14×17=238 元	
丝带塑料花袋：50 元		
车费：（卖花车钱、高速费 150 元）		
人工费：200 元（按照一人一天 100 元，就算两个人工）		
共计：725 元	共计：298 元	

总结：

看来做事不能想当然，以后做事不能总想好事，要考虑的更为全面，比如这次就想挣钱了，没想到卖不了怎么办？花坏了怎么办？算账时妈妈提醒不能光算买花钱，还要算运费、人工费等。

挣钱不容易啊！这几天我心里一直有些焦虑，坐在小马扎上眼巴巴地看着过往行人能买一把花，我还送了一些花。联系超市费尽口舌，最后赔了 427 元，挣钱不容易，以后花钱要节约。

我认为小商贩非常不容易，卖的东西还便宜，以后能买的就买点，砍价不要太狠了，或者别砍价了，人家赚钱不容易。

花棚

鲜花装饰生活

花束整理

卖花的工具：若干垃圾桶

最后丢弃在东风公园门口的花，
不过没有 10 分钟，已经被人都拿走了

幸福花的介绍和卖花广告语，商机不错吧！

学生作业三：3 天的服务员兼老板

班级：高三（1）班　　姓名：董子卉　　实习单位：××餐饮

（一）我的经历

我喜欢文艺，参加了学校的合唱团；我喜欢体育，参加了学校的篮球队；我喜欢探索，参加了翱翔计划活动。我喜欢的领域真的很多，各种新鲜事物我都想体验，我有很强的好奇心。

我从小是跟外公外婆长大的，他们教育我，要有思想，不要有依赖心，要多学习，多看书，开阔视野，这样才能自强自立。从我记事开始，就很少看到爸爸妈妈，他们总是匆匆来又匆匆离开，每到节假日看到小朋友们和爸爸妈妈在公园里玩耍，我就很生气。后来才知道他们是在上海工作，做餐饮服务行业。每个礼拜我会接到妈妈的电话，每次都是妈妈不停地问这问那，我就只是回答，哦哦哦，我恨透了他们做的这份工作，总也见不到面。直到我上初中了，爸爸妈妈才从上海回来，回到北京经过一段时间，他们在北京又开业了！我从来没有想过这件事情会改变我的想法，改变我的人生目标。

暑假期间学校要求我们要有社会实践，要参加社会活动，正赶上餐厅开业，人手不够，爸爸邀请我参加，我也想体会一下老板和员工到底哪里不一样。这样我就当了三天的“老板”。

（二）我的工作时间表

第一天就是等待所有的进货，包括桌椅板凳、食品原料。早晨，蔬菜、水产、调料到货，后厨工人们先称重再逐一分类码放在储菜架上、冰箱里、水产养殖箱里，大厨开始试火烧锅，我帮助择菜，打扫地面。正忙着，忽听楼下说餐具到了，我跑下楼梯，选择最轻和不易碎的筷子、小勺拎上楼，大家来回跑了三趟，终于都搬到位了。看着洗碗阿姨利索地清洗消毒，我随手拿起一个盘子，“咣当”掉地上了，因为刚出消毒机的碗筷太烫了，我就这样“毁了”餐厅的第一件物品。负责安装酒架的工人终于完成了叮叮当当地敲打，我又帮忙摆酒，这次接受了教训，小心翼翼地轻拿轻放，看着五颜六色的酒瓶，我的脸上露出了笑容。爸爸在那边指挥安装宣传板，打电话催水电安装人员，安排人员布置广告。大大小小的事情，纷纷杂杂。在爸爸与姑姑的对话中，我发现要想经营一家餐厅，并非像一般人想象的那么容易，大到店面设计，小到盆栽摆放，每一样事情都要事无巨细地想得周全。甚至是分店之间人员安排，能否相处融洽，能否合理工作等，都是一位经营者所需要考虑的。第一天的工作结束了，我拖着疲惫的身体回到家，心里还是很兴奋的，早早睡下准备迎接第二天的挑战。

时间段		工作内容	所需硬性素质	所需软性素质	突发事件
第一天	8:00~9:00	摆放桌椅、餐具		审美观 （摆放位置的确定）	
	9:10~11:00	第一岗 端菜	身体素质	遇事沉着冷静	上菜慢，客人催
	13:00~17:00	第三岗 端菜	身体素质	遇事沉着冷静	少下单，客人走
第二天	9:10~11:00	第一岗 端菜 辅助学习点菜	身体素质 英语技能	遇事沉着冷静	外国人点餐
	11:10~12:50	第二岗 端菜 辅助学习点菜	身体素质 英语技能	遇事沉着冷静	发工资

由于是新开张，服务员和后厨的配合还不是很好，有时候菜都出品了，没有及时上桌，有时候需要多次催单。这就需要服务生与客人进行沟通。一起干活的服务员姐姐们大多和我一样都没有什么经验，尽管在上手之前进行了一番学习和培训，但仍旧会出现这样那样的突发问题。印象最深的就是有一位姐姐忙得忘记下单，客人等了一个小时多次催促后，站起来要离开，大堂经理走过去，先是很耐心的解释，后来提供了免费的虾片，客人仍旧是一脸气愤，大堂经理继续不厌其烦地道歉，最后客人满意地坐下。在等餐期间，经理了解到客人喜欢品酒，正好我前段时间向爸爸学了很多有关红酒的知识，店里刚进了一批红酒，爸爸过来主动打开一瓶，让我给客人介绍这款酒的产地、酿造时间和酿酒工艺等，我们就这样聊起来了，从红酒的起源聊到品酒的意境。后来据说这几位客人成了小小宣传员，店里的很多客人都是他们介绍来的。我也得到了大家的一致表扬，我的照片还挂在了那个月的优秀员工栏里。从这里，我不禁想到工作的艰辛与不易，做事不可马虎，做人也一样。要把事情想周全才能得到最终想要的效果。我很佩服大堂经理的毅力和责任心，这也是管理艺术啊。

（三）工作感悟

短短的三天“老板”生涯结束了，我感受很深。我学会了服务宾客的原则，服务宾客的程序，服务中工作细则，宴会出菜程序，托盘的技巧及端托行走的步伐，铺台、摆台的注意事项，换烟灰缸的重点，点菜、写菜单、取消菜式的注意事项及推销菜品的技巧，斟酒水的基本方法、程序和酒水的一般知识，处理客人投诉及服务工作突发事件对应技巧，餐厅开市的准备工作及收市的注意事项以及各种服务礼仪、餐饮卫生知识、消防知识，等等。

这次实习，虽然只有短短的几天，然而爸爸却工作了几年，这期间的艰辛不禁让我感叹，也改变了我认为服务员是没有前途的消极想法。树立了干一行，爱一行的思想，知道了一个人是否有所作为，不在于他从事何种职业，而在于他是否尽心尽力把所从事的工作做好。知道了成功服务员应有的素质，从而增强我的从业意识，立志要么不做，要做就做一个有理想、有道德、有知识、有纪律的合格人员。

热爱你的工作：当你热爱自己的工作，你就会快乐地、更容易地做好你的工作。我们要让客人们获得健康、能量与良好的服务，你就可能将平凡的工作做得不同凡响。而企业最需要的就是热爱工作的人。要有勤奋的精神，主动地工作，主动地寻找工作。“一勤天下无难事”的俗语说出一个很深刻的道理，只要你勤奋，成功的大门就为你敞开。相信自己是最优秀的。

我喜欢上了这份工作，不仅仅因为它是自己家的企业，更多的是想锻炼自己。在学校，理论的学习很多，几乎是面面俱到。而在实际工作中，可能会遇到书本上没学到的，又可能是书本上的知识一点都用不上的情况。或许工作中运用到的只是很简单的问题，只要套公式就能完成一项任务。有时候我会埋怨，实际操作这么简单，但为什么书本上的知识让人学得这么吃力呢？这是社会与学校脱轨了吗？我非常感谢老师孜孜不倦地教导，有些问题有课堂上的认真消化，有平时作业作为补充，有了更多的知识层面去应付各种工作上的问题。作为一名新世纪的学生，应该懂得与社会上各方面的人交往，处理社会上所发生的各方面的事情，这就意味着社会实践必不可少。

毕竟，几年之后，我已经不再是一名学生，而是社会中的一分子，要与社会交流，为社会做贡献。只懂得纸上谈兵是远远不够的，以后的人生旅途是漫长的，出去闯闯吧，外面的世界好精彩，它会加速你的成长！

学生作业四：WWF，期待重聚

班级：高三（1）班　组名：拾　组长：孙桃蹊　组内摄影：彭宇淦

组员：彭宇淦　张雨桐　田子伯　纪雅萱　李培宁　实习职位：观摩志愿者

实习单位名称：WWF（世界自然基金会）北京办事处　活动记录：孙桃蹊

（一）工作时间表

时间段	工作内容	所需硬性素质	所需软性素质	突发事件
8:30~9:30	了解单位信息，熟悉工作任务		与人沟通能力	无
9:30~15:30	观摩工作人员日常工作，整理宣传材料	计算机、英语等	与人沟通能力，检索能力，观察能力	无

（二）初见

WWF，作为一个在课本上出现过的国际机构，我们对它的了解虽然仅限于课本，但是说夸张一点，心中是有着一种近乎敬畏的心情的。我们知道 WWF 这个缩写的意思是 World Wide Fund For Nature（世界自然基金会），知道它的存在是为了保护野生动植物，知道它是非营利性的非政府组织……一切的一切，都让我们觉得它的使命的伟大。我们从来没想过有机会到 WWF 中国代表处进行实习——虽然只有短短的一天，但是我相信它会是我们全组都难忘的一段经历。

WWF 中国代表处的办公场所在太庙里（即劳动人民文化宫内），是一处幽静的场所。走过并不起眼的小门，就进到了办事处的里面。说实话，它并不如我们想象中的那么大——虽然是整整一栋二层小楼，但是主要的项目办公室只在一楼，连挂着 WWF 牌子的前台也没有我们想象中那么气派。

我们在 WWF

走进了办公室，一行 6 个人都噤了声：这里面实在是很安静，安静得让人不忍打扰。确实有打电话的声音，但是绝对不会影响到旁边的同事。工位看起来非常紧凑，一条两米宽的过道连接了 5 个区域，每个区域都有不下 15 个工位，不过，看起来却并不拥挤，倒井井有条。

（三）简单的了解

首先，负责带我们的“大哥哥”把我们带进了会议室，大概地讲解了 WWF 的工作，以及环境保护的一些现状。我们这才发现，WWF 原来早已不是 World Wildlife Fund，而是 World Wild Fund for Nature（世界自然基金会）。刚开始我们也以为这只是一个名称的变动，但是听着听着，我们发现了简简单单的两个词 for Nature，带来了多大的改变。

从金磊哥哥的讲述中我们得知，现在 WWF 的北京代表处一共有这么几个工作组，分别是：水组、大气组、气候与能源组、森林组和物种保护组（可能有遗漏）。当初 Wildlife Fund 的 Wildlife，如今只占 WWF 总体工作的一部分。他给我们讲了环境保护的严峻形势：全球平均气温每上升 1℃，海平面就可能因为冰川融化而上升 2 米，是我们都知道的科学预测；图瓦卢的人们正在搬离故土，是我们

正在聆听讲述

我们在了解 WWF 的发展进程

都知道的事实。我们不知道的是，且不提荷兰，若全球气温上升超过 5℃，日本超过 2/3 的国土面积将被淹没[①]。而上海的平均海拔也只有 4 米，长江三角洲和苏北滨海平原，也有 11000 平方公里海拔不超过 2 米。以现在的速度来预测，全球平均气温上升 1℃只需要 20 年。来自 WWF 的数据让我们不得不相信这不是危言耸听，而是正在进行的事实，而且也让我们明白，保护环境是需要全球各国戮力同心地去努力的事情，容不得国与国之间的偏见甚至争端。全球变暖的趋势得不到遏制，人类将见证自己的灭亡。

我们仍能记得哥哥在说这段话的时候严肃认真的表情，“WWF 的使命是遏制地球自然环境的恶化，创造人类与自然和谐相处的美好未来”。他说，正是因为此，WWF 才会致力于保护世界生物多样性、推动自然资源的可持续利用、推动降低污染和减少浪费。我们惊异于那段话，因为我们看到了“使命”二字。如果一个组织可以将保护人类生存的唯一家园——地球，作为自己的使命，那么为什么人们不可以，为什么我们不可以！

注：①该数据来自 2013 年 CNN 相关报道。

（四）工作环境

紧靠过道的柜子上，有一沓一沓的宣传材料，我们一直很好奇。这些材料并不是所有都是中文的，英文的材料理解起来多少有一些困难，但是我们还是看懂了一部分：WWF 的主要工作方向有向政府部门提供政策建议、对技术研发进行投资、监督企业对环保标准的执行、建立一些示范基地、提高公众意识，等等。至于 WWF 的资金来源，我们也在另外一本宣传册上找到了答案：目前主要来源于国外的机构、个人捐赠，还有一小部分来源于“Debt-for-nature Swap”（债务转换自然），发展中国家用国家债务与 WWF 交换，使 WWF 能够在其国内开展保护环境的项目。这在一定程度上解决了发展中国家经济与环境不能兼顾的问题，影响可以说非常深远。

几个人在欢乐地研究宣传册

（五）实习工作

讲解结束，我们的实习工作也要开始了。其实在四处走动的时候我们就看到了不少志愿者。经询问，果然是申请到这里来实习的大学生志愿者。比起他们，我们这些没有任何专业知识的人实在是做不了什么。我们只好力所能及地帮忙整理文件、宣传册，帮忙传递打印的资料，帮忙倒水，甚至只是看着他们工作……比我们想象中的无聊是肯定的，但是我们也没有少“打扰”身边正在工作的叔叔阿姨、哥哥姐姐，问他们一些问题，他们也都不厌其烦的解答。一天下来，我们已经不自觉地被 WWF 的工作文化所感染。临走的时候，组里的纪雅萱还在问志愿者要怎么申请呢！

（六）实习感悟

从上午 9 点半到下午 3 点半，其实在 WWF 度过的时间屈指可数。但是我们在来到这里之前从来没有想过会在这里学到这么多。我们之中，有我和田子伯、彭宇涻这种因为模联的 UNEP（联合国环境规划署）会场而对环境多有了解的，有纪雅萱对公众事业非常热心、喜欢投身于公共服务的，也有对环境问题并没有特别的接触或者兴趣的李培宁、张雨桐，但是无论是谁，我们都通过这一次实习活动收获了很多很多。有对 WWF 的了解，有对环境问题严峻性的崭新认识和思考，有对自己未来的再次规划，还有很多都是我们不曾料想的。我想，明年我们高中毕业之时，大概会再次聚首，正式申请 WWF 的学生志愿者，那时的我们，必将有更多的收获。

与 WWF 工作人员沟通

走之前的最后一件事，就是用手机拍下门口的“熊猫屁股”

学生作业五：在超市工作的那几天

班级：高三（12）班　　姓名：李芷菲　　实习单位：京客隆超市

（一）人生充满了无数机会，我要学会如何选择

暑假中，应学校的要求，每个学生要进行社会实践，当实习生。

我询问了家里人，去爸爸的单位可以做秘书之类的职务；选择妈妈单位的话就要去幼儿园看小孩子；姑姑推荐我去餐厅打工。可是，这些我都不喜欢的。我不想去做那种为别人端茶送水、一天到晚整理一些文件，或帮着别人干点杂事的无聊工作；对于看小孩子我也没有太大的耐心；我也不想去餐厅当服务员。最后，我小姨给我推荐了一个工作——去京客隆当售货员。说实话，当超市员工当然不是我理想的职业，但当时我觉得这是最好的选择，因为经常陪妈妈去超市买东西，超市可以算是我很熟悉的一个地方，对于超市售货员这个工作也比其他推荐给我的工作要熟悉的多。所以，最终我选择了去京客隆工作。

工作开始了……

第一天去京客隆的时候，我还是很紧张的，这毕竟算是我的第一个工作，而且这个工作需要面对很多人。但到了京客隆，我发现还有一些别的学校的高中生在这打工，做社会实践，心里就放松了不少。小姨帮我找了一个她认识的在京客隆工作的阿姨来带我，于是，我为期一周的实习生活开始了。

社会实践——超市售货员

说是去当售货员，其实就是一个打杂的，哪需要人手往哪跑。我最主要的工作就是帮助摆货架和收没人用的手推车。当然，一些高大上的东西比如

红酒啊，玻璃制品啊，这类易碎的、较贵的东西是不让我摆的，我只是摆些吃的、饮料、衣服架、毛绒玩具一类的小部件生活用品。这没有什么难度，但我在收手推车的时候出了点问题。

（二）自我成长之一——责任

我把二楼的手推车收完后，要送到楼层的最南边，方便别人拿。在拐弯的时候，我撞上了一个刚下滚梯的小孩。我吓了一跳，赶紧去把那个小孩扶起来，我心里害怕极了，面对他父母的责骂，我除了对不起以外，不知道该说什么。最后，带我的那个阿姨过来解决了这件事。我心里很难受，因为那个阿姨告诉过我，推车时，在拐角处一定要喊一声，以免别人撞到。但是我觉得喊一声太丢人了，所以没有听，没想到就出事了。我想着那个小孩父母的责骂，心里特别难受，也很责怪自己。从小到大，我都认为自己是一个负责任的人，我不会主动去揽事，但只要分配给我的工作我都会认真去做，从来没有过被人这么严厉地指责过。而这次，由于我的错误，给别人造成了伤害，让我心里很不对劲。也正是这次失误，让我端正了态度，“别人都可以做到的，你为什么做不好？只不过在拐角处喊一声，你是做这个工作的，这没什么丢人的”，我对自己说。这份实习工作是我自己选择的，我应该对自己的选择负责任，既然决定了要做这份工作，就要认真去做。

开始这份工作后，我的心态发生了几次转变。一开始，我是很不情愿来实习的，因为高三作业很多，我不明白学校让做这种活动干什么，我想着只要随便糊弄几天就好了。但第一天撞了人以后，我决定要认真对待这份工作了，虽然我并不愿意做，但我不能因为自己的缘故给别人造成不好的影响。但尽管做了这样的决定，我其实还是想着这一周赶紧过去就好了。但后面几天，我的心态又发生转变，我开始享受这份工作，觉得这个工作真的很有意思。

（三）自我成长之二——发现

在超市里，我能见到形形色色的人，我喜欢观察超市里买东西的人们。人们大多都是结伴而来的。有的是一家三口，有的小孩子的妈妈会征求孩子的意见，让他自己去挑选东西，而有的妈妈是自己直接决定；只要是情侣一起来的，就一定会去卖毛绒玩具的地方，每天趴趴熊都能卖出去不少；还有很多老头老太太，老太太总是很认真地挑选着，看产品的生产日期、配料什么的，而老头在后面慢慢跟着……买东西是人们生活的一部分，而人们再买东西的时候自然地流露能准确地体现一个人的性格。有的人讲话温柔和气，有的人说话比较粗糙；让孩子自己挑东西的妈妈一定是一个讲民主的妈妈，而直接自己买的妈妈没准就是以后会逼着孩子上各种课外班的“坏”妈妈；有的老太太性子急，容易跟别人起摩擦，有的老人一看就是有学问的人，衣着干净利落，跟别人讲话客客气气的……因为我不是固定在一个地方，哪需要人我就去哪，所以我可以无所顾忌地在超市里转来转去，我经常来超市买东西，但从来没有以旁观者的角度观察过别人。我看着超市里的人来人往，这种普通市民的日常生活，观察别人的行为、举动、语言，这是从未有过的生活体验，我觉得简直太有意思了。

（四）自我成长之三——快乐

为期一周的实习活动很快结束了，虽然我没有拿到工资，但我体会到了很多快乐，带我的阿姨给我讲她孩子的事，鼓励我好好学习；一同打工的高中生，帮我把东西摆上货架，讲他的打工经验；中午休息时，生活用品区卖毛绒玩具的阿姨塞给我两个橘子；还可以观察不同的人的性格习惯……

（五）结语

在实习结束的时候，我心里还有些不舍。我大概理解了学校让做这次活动的原因，在这样真正的工作中，我学到了很多东西，尤其是责任心。一个人成熟的标志，就是他有了责任心。我觉得这对我来说是最重要的，也能激励我好好学习，读高中是我自己的决定，所以再苦再累，我也要坚持学下去，好好学下去。

经历了这次实习，我更爱去超市了，不光去买东西，还可以观察各种各样的人。甚至，看到那些摆货架的人，我会觉得很亲切：嘿，我也干过这个。

学生作业六：扬帆起航

班级：高三 (6) 班　　姓名：周茉　　实习职位：国际海运操作助理

（一）选择职业的理由

我去实习感受的是一家运输公司。我为什么要选择运输公司呢？这不仅仅是因为我的母亲从事这个职业，更是因为我国有完善的交通运输网络体系，有铁路、公路、水路、民航。它在促进国民经济和社会发展以及满足人民群众日益增长的消费需求等方面做出了很大的贡献。未来就业，交通运输业需要大量的人才参与，这是一个长期稳定发展的行业。

海运船舶

（二）生涯规划

我希望从事比较稳定，有一定技术含量，能不断自我发展的行业。希望主要从事文职的工作。比较喜欢在一个比较大的集团里和别人一起合作，共同创造更幸福的生活。

（三）工作的职责范围

我实习的公司主要是做国际海运的公司。工作流程主要包括：询价、报价、订舱、货物进舱、装箱、文件录入、港口操作、报关、文件制作、结算。

我主要从事的是文件录入。因为我没有任何工作经验，只有一点电脑操作的技术。所以我主要从事文字的录入，这个工作只要认真、细致就可以做好。

（四）工作中的时间流程

主要工作流程：

9：30~12：00 上班。

先把要录入的文件分别整理，把文件按用途分类。

文件主要包括：定舱委托、货物入库单、箱单、发票、合同、提单确认件、提单、目的港相关文件。

我只做简单的货物入库单。我把所有的货物入库单整理好，在电脑中输入具体的每天货物入库的资料。

12：00~13：30 休息。

13：30~17：30 上班。

下午我的主要工作是做装箱单，这也是以录入为主。但是要掌握简单的英语术语。比如：

货物品名 DESCRIPTION

货物件数 QUANTITY

货物毛重 GROSS WEIGHT

货物净重 NET WEIGHT

货物体积 MEASUREMENT

这个工作要求有一定的英语基础，因为这些词汇在工作中会经常用到。比如，货物的英文名称、货物的包装方式、运输的方式等。未来的运输是全球的综合网络，这就要求运输行业的从业人员必须有良好的英文沟通技巧。大部分的海运文件基本都是英文的，所以没有良好的英文基础，在国际物流行业发展则举步维艰。

（五）我的做法

我工作的时候，开始觉得这个工作很简单，是个人就能干，不需要什么知识。真正干的时候，发现不仅要认真，必需的知识也很重要。比如，毛重和净重的区别、包装的不同种类、货物体积的计算等。

（六）别人对我的评价

大家对我的工作还是比较满意的。第一次尝试这样的工作难免有一些错误，所以办公室的哥哥姐姐们也没有怪我，反而觉得挺满意。我自己却认为还有很多不足，有许多需要向他们学习和改进的地方。

（七）你发现最棒的员工是什么样的？

我发现在国际物流这个行业里，做得比较好的是那种不断进取的人。这个行业的竞争很激烈。即使在大学里学习了物流专业的知识，在实际的工作中也需要不断地学习。

学习英语或者其他的第二国、 第三国的语言。因为无论是作为业务人员和各个国家的客户开展业务，还是操作人员和国外的船公司联系，制作相关的文件，都需要外语。不精通一门外语，很难在这个行业做得长久。

还需要学习相关的国际贸易知识。因为国际贸易条款不同，客户选择的目的港和起运港不同。比如，船上交货 (FOB) 英文为 “ Free on Board (named port of shipment)” 即 “船上交货 (指定装运港)” 。

它指卖方在指定的装运港把货物送过船舷后交付，货过船舷后买方须承担货物的全部费用、风险、灭失或损坏，另外要求卖方办理货物的出口结关手续。

如果客户（出口方或者生产厂家）给运输公司提供了合同的复印件，提示了相关的贸易条款，运输业务人员如果不懂什么意思，就很难准确地帮客户完成运输任务。

还要学习相关的海关报关的知识。无论作为业务人员和客户进行谈判，操作人员制作相关的文件，都要学习相关的海关报关知识。比如，按照国际惯例，每件货物出入国境都要进行申报。国际上把每种货物都规定了相应的海关编码。比如，针织或者钩编的女士大衣（6102100010），电饭锅（85166030），等等。不同的海关编码对应不同的进出口条款。在我国，电饭锅出口和进口都要做商检，而针织和钩编的女士大衣不用。如果业务人员和操作人员不知道相关的进出口条款，在做出口或者进口时没有按照海关的要求去做，则会在工作中出现错误，造成损失。

这个行业是一个需要多方人员合作才能顺利进行的行业。除上述三种基础知识以外。在这个行业做得比较出色的还是那些情商比较高的人，比如认真踏实，肯吃苦，协同合作，睿智谦虚的人。

实习工作现场

（八）职位招聘条件与适合的人群

如果应聘在国际运输公司里做一般的文件操作人员，需要相关的电脑操作技能；英文的基础（听、说、读、写的技能）；了解相关的报关知识最佳。这种工作适合认真细致，有责任心的女孩儿。

（九）工作的文化氛围

因为只工作了一天，对于企业的文化没什么感受，工作的环境比较轻松。

（十）如果再给一次机会

因为我只是中学生，所以公司对我比较照顾，工作没有任何压力和挑战。以后，希望随着知识和能力的增长，再多参与有挑战性的工作。

（十一）体验感受

马上就成为高三的学生了，心情激动的同时还有更多的紧张。作为高三的学生除了最重要的学习外，少不了的是积累自己的生活体验。积累生活经验的最好办法就是亲身实践，学校也组织了假期实习的活动，我们更应该积极参与，加入亲身实习的行列里。

我实习的场所是妈妈所在的运输公司，在这个公司计算机技能和与人沟通交流的技能是必不可少的，我也要趁此机会不断锻炼自己。计算机技能并不是简单地使用计算机，更多的是快捷有方法的使用，并且要做到认真仔细，不能有半点马虎。因为有许多数字需要录入，数字错一点都会带来巨大的麻烦，这让我有压力的同时，更能认真地工作，有更好的工作态度。

这份工作在整个公司里是最基础的工作，越是基础的工作越是需要一个良好的工作态度，只有打好基础之后才能更加顺利。这个道理在学习中也是适用的，只有打好基础的学习，才能攻克更多的难题，所以我应该在最开始的时候注重基础的学习，不断地复习基础知识，才能有更大的发现，所谓温故而知新，就应该是这样吧。

因为是在妈妈的公司进行实习，实习的同时感到妈妈的工作是如此的辛苦，挣钱如此的不易，这点我的内心有很深的感触，以后不能再随随便便的向妈妈发脾气，不能再花钱大手大脚，应该体谅妈妈的不易，学会体贴她。应该多多帮助她，在生活中少给她添麻烦，多做一些让她省心的事情，在假期的时候多做家务帮她分担，在平时随手将自己的生活打理好，不让她再过多的费心。

通过此次的实习活动我学习到了很多，既有知识上的也有亲情上的，我会带着这份认真与感动迈向高三，努力学习，追逐自己的理想。

学生作业七：园林景观设计

班级：高三（7）班　　姓名：余殊丹　　实习单位：园林景观设计公司

（一）为什么选择这个专业

（1）外界因素

因为父母的职业与园林相关，所以知道了这个专业，才能更直观地了解这个领域，进而掌握了大量的花卉、景观材料基础知识。

（2）内因

记得小时候听到过植物精灵的故事，那时的我对植物充满了好奇，虽然听来也有些“中二病”①，但现如今仍然爱着大自然里这群能制造氧气的家伙。

我喜欢旅行，在日常生活中遇到美的景观会用相机拍下来。

酷爱摄影的我

（二）一天的工作内容

曾经幻想过从事各种各样的职业，然而现在我期待着做一名景观设计师。以下是关于景观设计师的日常工作情况：

注：①中二病：网络用语，比喻日本青春期的少年过于自以为是等特别言行的俗语。

景观设计师的一天（案例）

时间	工作内容
8:30	到达单位，打开电脑看邮箱里的工作留言和工作计划安排
9:00	开始工作——电脑设计（画图纸）
10:00	和上级领导及相关专业人员开设计碰头会，统一设计思想，解决设计中碰到的困难等
11:30	午休
13:30	午休结束开始上班（绘图）
16:30	开工作会议，汇报工作进度以及明天要完成的内容
17:30	下班

刚参与工作的员工以辅助性工作为主。比如，装订图纸、打印图纸、拿图纸配合设计师去现场勘查；开会做会议记录、整理会议内容；做简单的设计、画图，根据平面创意做局部效果图等；了解材料市场（材料包括土建材料和植物材料），取样做照片等。

（三）需要具备的能力

硬性指标：

园林规划，具有一定水平的园林植物专业知识，有一定的绘画功底，美学知识，摄影知识；掌握园林制图技术，了解园林史，了解世界建筑风格；电脑绘图能力（熟练使用 AutoCAD 、 PhotoShop 、SketchUp、CorelDraw 等绘图和平面设计软件），以及环境艺术的一些基本理论等。

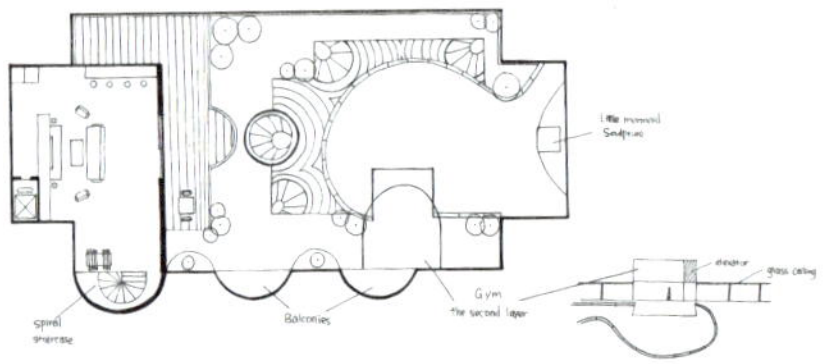

设计图

软性指标：

爱好广泛，沟通能力强。

（四）招聘要求

①能进行园林景观方案设计。
②大学本科以上学历。
③住宿地点到单位路程不超过 1.5 小时。
④能经常出差。
⑤爱好广泛。
⑥沟通能力强。
⑦工作性质：全职。
⑧专业要求：景观设计类专业。
⑨性别要求：不限。
⑩年龄要求：不限。
⑪有工作经验者优先。

（五）最佳员工

①设计思路新颖，作品具有创造性。
②出图速度快。
③表达作品主题能力强，说服力强。
④勤奋。
⑤热爱设计工作。
⑥遵守公司各项规章制度。
⑦工作积极性强，有持续学习的能力。
⑧有团队合作精神。

（六）体验感受

园林是一门交叉学科，作为城市中唯一有生命的基础设施，园林景观可以提高人们的生活质量，带给人们精神上的享受。

园林设计又是在设计的基础上加入了园林这门学科，虽然做好了非常不容易，但是能够通过自己的双手提升人们的生活品质、保护环境，为地球生态献出微薄之力！

以上是我对园林景观设计这个职业的一点认识和总结。我由衷地喜爱这项工作，相信我的这份梦想可以成真！同时也希望能给同学们未来的职业规划提供一些帮助！

学生作业八：走进科技研究室——假期“打工”记录

班级：高二（3）班　　小组成员：周若涵、韩嘉苓、任怡洁、翟景宣、孙可

实习单位：中科院天地科学园区——微生物所

（一）工作日志：

第一天

8:30，到中科院。

导师就着开早会的时候带我们和微生物所的老师们打了招呼，然后写了一张培养基的配方，让我们跟着前辈们做。

其实只是很简单的把各成分按照一定的比例倒入一个容器中，然后再混合、搅拌，再分装到 20 个瓶子里。

仅仅是简单的这么点工作，我们也做了一上午。

12:00，吃午饭、休息。

14:00，在中科院。

下午没什么太重要的事，导师就让我们跟着前辈们学习一下简单的实验操作。

17:00，回家。

第二天

8:30，到中科院。

我们几个先和导师沟通，也正因为昨天学了简单的实验操作，我们跟着导师做了一些简单实验。老师在做，我们在旁边帮忙。

12:00，吃午饭、休息。

14:00，在中科院。

我们又跟着导师学习了新的内容——如何从蘑菇中提取 DNA。

17:00，回家。

（二）工作过程：

我们这次做的是一个关于 DNA 提取的实验。

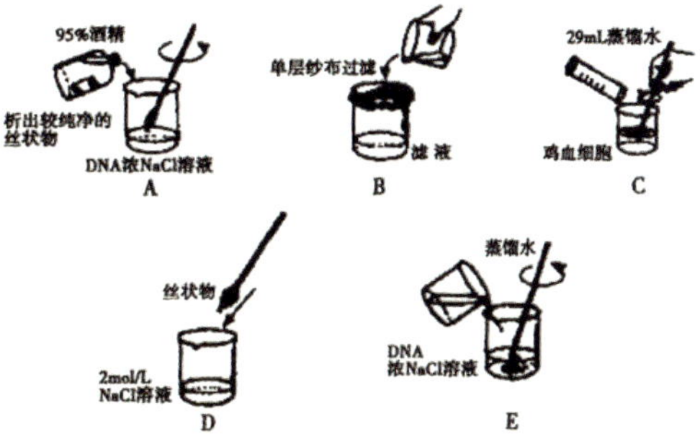

将准备好的东西放在试管里，先加入试剂将颗粒比较大的东西沉淀下来，然后过滤。这个过程很快，过滤的要求我们也都清楚，老师还没怎么说，我们就七嘴八舌地将我们在课堂上学习的内容说了出来。老师看了我们还很欣慰。然而想象中简单的实验，真正做起来却和在卷子上答题的感觉不一样。当把一个小的试管拿在手里的时候，你就会觉得，不管怎么做实验，去捧一个非常小巧的东西都是需要非常小心的。之后将沉淀下来的东西放在离心机里，在离心机的帮助下将更小的颗粒与我们想要的 DNA 分开，事先要加入可以溶解 DNA 的试剂，有的时候为了让 DNA 提取的纯度更高，可能需要很多次离心，移动的时候也要特别注意才行！老师在讲完离心机的使用方法之后就出去了，让我们自己鼓捣。我们都自诩实验达人，把东西放进去就开了机器。离心式需要很长时间的，在等待的时候，我们一边聊天，一边关注着离心机。突然间，我们都想起来一件事，我们没有盖盖子！想到此处，我们赶紧停了离心机然后盖上盖子，再继续转。心虚的我们还四处观察着老师的动态，幸好老师这个时候没过来。

（三）体验感受：

当初选这个职业的时候也没有太深入考虑，因为我们正好这个暑假都要去实验室做实验，这样也能算是相同的工作，便这么做了。 说实话我对这个类型的职业，并没有很感兴趣。这种职业与其说是为了扩大我们的视野，不如说是为了扩大我们的知识面。没到实验室的之前，我自我感觉良好，到了以后才发现自己的知识漏洞太多。和这种埋头苦干的工作相比，我更喜欢与人打交道的工作。当然，这也是在实践之后才发现的。

今年，我 17 岁，尝试了人生第一次工作。我对自己的人生没有太多的计划，走一步看一步。最终目标还是有的，但是，现在的目标都归结到了事业上。对于事业，无非就那么几条，做老师固然好，但也是很多人想做却做不了的吧。

这个工作的经验和我的规划还是有点沾边的，不过我现在是以学习的姿态来做的，而以后我希望我能以传授的姿态来做。

在这个工作上，我的前辈是一位研究生。她是知识丰富，而且很愿意和我们交流。这种工作我相信也不是人人都可以做的，知识的储备是其次，最主要的是你有没有那种对研究的热情。工作的基础最好是以兴趣为主，那样至少可以轻松一点，不用每天都心情烦躁地想：啊，怎么又要上班啊。不过这种心态也很正常。

这次的工作，让我体验到了不同于上学的感觉。这里的生活很规律，朝九晚五，中午还有两个小时的休息时间，看起来比上学还要轻松很多。在这里，我们几乎处处被人照顾。这两天的生活，很开心。虽然时间表上很轻松，但是回家后就会莫名地感到累，也体验到了爸爸妈妈在工作一天之后再给我准备晚餐、收拾屋子有多辛苦。我们都是幸福的。

这次的打工是一种体验，也是一种记忆。它能印在我们记忆的深处，让我们能在闲暇时拾起这些回忆，然而荒废的实践是没有回忆的，我们应该让自己的每一天过得更加有意义一点，可以平平淡淡，但绝不能浑浑噩噩。所以，开心一点吧，即使你不喜欢你的生活；努力一点吧，即使你不在乎你的工作；看淡一点吧，即使你不满足现在的日子。

当然，实际地讲，我们还是学到了很多书本上学不到知识。

在工作中，并不是每一份任务都可以轻松就任的，必须要付出努力才可以。而在打工中，我们所学到的实际操作也是别的同学学不来的。这次实习是给我们一个可以充分锻炼自己的机会，使得我们能够走出课堂，在现实生活中寻找将知识和实践相结合的方法，促使我们在很多方面得到了很大的锻炼和提高。如何运用所学知识与应用实践相统一的能力、合理分配时间的能力、理论的严密性与实际操作的灵活性和科学性意识得到锻炼和提高。

（四）人际交流：

作为一个初来乍到的学生，去高级的研究所，我们是怀着敬畏的心情的。但是，真的是“不去不知道，一去吓一跳”。

每个人对我们都很和善，每个人都没有一点“我是高端人才”的架子。我们的老师还请我们吃中午饭，和我们聊她之前的学生的事，跟我们虽没研究出什么结果，只当是个过程就好，要用心体会甚至还和我们谈论她家孩子的事情。

任何人都是一样的，我们都是一样的，即使生活的环境不一样，但是在大家聊天的时候，谈论的东西无非也就是生活、环境、人伦、哲理，偶尔谈谈工作。

相信自己，梦想起航
——校外生涯实践总结

为了更好地贯彻生涯设计的教育理念，让同学认识社会的职业需求和职业素养，陈经纶中学在寒暑假举行了生涯实践活动，同学们参与了“从传记看人生”“家谱图”“职业访谈”“职业见习日”等活动。随后，我们进行了经纶十大热门职业的调查，并结合访谈资料进行了分类，制作出21块展板，让学生得到多方面的收获。最后，开展了“模拟招聘会”的活动，让同学们体会真实的职场面试，与社会接轨，这些活动让同学们看到了自己的假期成果，让他们了解了多种领域，得到了很多职业信息，看见了人生的无限可能。

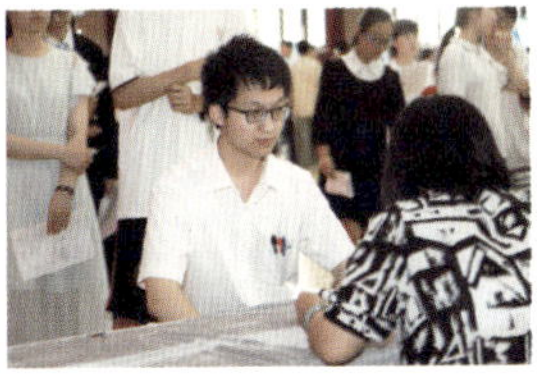

校外实践活动达到了下述5种效果。

（一）情感连接

现在多数学生都是独生子女，在家在外都是“我说了算”，父母对其无限包容，以致他们觉得自己懂很多，当大人说话时，他们觉得是陈词滥调，不愿意听。通过活动，他们开始倾听父母的故事，从而理解父母话语的深情和深意 。在对老师的采访中，也建立起对老师工作的理解和体谅。

学生感悟：

每天那么早走，那么晚回都在单位干什么？没想到爸爸天天上班大部分时间都是开会，爸爸没有休假时间，连过年回老家都需要领导批准，他作为教育人，每次教育我时我还不好好听，殊不知他教育别人的时候，别人会不会珍惜听他教诲的时间。

——王秋阳

平时我天真地以为我们学习比他们累，通过这次实习明白了以后工作时的苦，下定决心以后要努力学习，让父母安度晚年。

——许晗

我感觉，老师为我们付出了太多太多，我们看到的，看不到的。虽然已经毕业了，但是，依旧会想起老师为我们做的一切，也想去了解老师背后的故事。在讲台上他们讲得有条有理，但我们不知道老师在台下付出了多少努力。也许平时我们抱怨，老师作业留得太多什么的，但我们也明白，这是为了我们好。

——康敬昆

其实教师这个职业是非常辛苦的，当我们抱怨那讨厌的补课时，有谁会去关心老师为此付出的时间；当我们抱怨考试太多时，有谁注意到，老师为这些专题而绞尽脑汁；当我们抱怨老师上课太严厉时，有谁会去思考老师为什么会这样。我们总是太在乎自己而忽略了老师，其实如果你细心观察，你会发现老师其实和我们一样。

——孙可

（二）意识提升

我校学生一般对大学、专业不是十分了解，在校外生涯实践中，他们发现了职业与专业的关系，不同的专业是不同职业的敲门砖，这些促使他们开始关注以后的大学专业，思考自己的目标和方向。

学生感悟：

从前我只是觉得会计师跟数字打交道，并没有多少概念。通过实践，我发现会计居然是属于管理专业，它的内容包括财务预算、簿记、核数、年结、账目及成本分析报告等，是以货币为主要计量单位的，运用一系列专门方法，核算和监督一个单位经济活动的一种经济管理工作。会计这个职业可以发展为财务顾问、财务总监、内部审计师、CFO（首席财务官）、公司法律顾问、部门经理等有不同针对性的职位。

——闫清萱

我觉得选择专业要慎重考虑，因为专业对口才会有更广阔的前景，而且有助于个人顺利地在职场中晋升，就像这位经理告诉我，他能在众多人中脱颖而出，得到晋升机会，最重要的原因就是因为他掌握更多的专业知识，并且在校期间，还做了关于花卉的社会实践，所以积累了更多的经验。之后在工作期间，他利用这些专业知识和经验，更巧妙地售卖，更快地晋升了。

——徐港

（三）学习动力增强

高中生经历的最大的事是中考，而这个坎已经度过，时间上没有了紧迫感，再加上适应新环境，很多学生的目标还没设立，或对自己的能力认识出现模糊的情况，导致出现学习动力减弱，但通过访谈，学生发现在通往生涯的路上，自己还有很多需要充实和补充的，访谈激发了他们的学习动力。

学生感悟：

副总，相当高的职位，对吧！但位高同样意味着另一件事，就是工作的辛苦和大脑的劳累。副总，这是很多人都向往过，并付出无限的努力，但真正能登上这个位置的却少之又少，毕竟成功和机会都是留给那些有准备的人的。俗话说得好“十年磨一剑”“梅花香自苦寒来”我想就是这个意思吧。

——马翰文

有人认为学习很苦，没有错，不过，当你走入社会时才发现世界上比学习更苦更累的事还有很多。其实学习是我们走向幸福生活的一条捷径。当然，与此同时，我们也要注重能力的培养，毕竟，走入社会之后，我们是要靠自己的能力与阅历在众多人中脱颖而出的。因此，我们也要积极地参与到学校的活动中来，最好能由参与者变为策划者。届时，我们便会得到很大的提高。

——赵仁杰

活动给我留下印象最深刻的部分是“工作要有计划”，我们常常会感叹时间不够用，恨不得问问苍天时间都去哪儿了？但是我没有坐下来好好想一想，自己是否充分利用了时间，还是在磨洋工，仅是摆摆样子。

——林婧

（四）开始自我思考

学生开始自我思考，问自己喜不喜欢这个职业，不再是人云亦云。有的同学明白了自己想干什么，怎么干，有的同学明白了自己不想干什么，这些都是收获。

学生感悟：

我一直也想成为一名作家，有自己的专栏，但现在发现也不是那么容易，但我相信，我的努力一定可以让我坚持下去

——王钰淇

我总觉得政府工作是无聊、枯燥的，对此，我没有兴趣。但母亲看中了好的福利，稳定的特性，也想让我从事。在了解之后，我发现果然不对我的“胃口”。

——闫妍

第一次访谈销售方面的职场人士，看到他对待工作的态度非常认真，是他那种坚强、认真、勤劳的个性使他能当上销售经理。从他的口中，我得知当销售经理并不容易，他的工作非常辛苦，每天早出晚归，工作压力也非常大，但他还说，这个工作需要自己热情、需要性

格开朗。对于我来说，我的性格并不是很开朗，所以我认为销售经理这个工作并不适合我，我以后可能不会选择这个职业。

——周茉

（五）重视自我素养

在职业访谈中，学生也发现了自我素质对做好这个职业十分重要，这些是比知识更重要的部分。

学生感悟：

这次活动给我印象最深刻的有两个部分：第一部分是未来销售总监所代表的销售行业竞争会越来越激烈；第二部分是做事先做人的品质、性格对做好这份工作十分重要。

——林婧

从活动中我了解到，企业中的员工不是以一个个体的形式存在，而是一个个的团体存在。企业中不能容忍“个人主义”等不符合企业团结的恶习存在。企业的重大决议也是由领导班子决定，这就很好地保证了企业的平稳运行。如果人人都来参与企业运作，岂不是乱了套？企业各个部门环环相扣，相辅相成，有着密切关系，所有员工一起努力，朝一个方向使劲，企业才能蒸蒸日上。

——林婧

学习固然重要，但同时要让自己多学知识。学历代表过去，能力代表现在，学习力代表未来。在我们学习的同时，还要增加我们各方面的技能，不能一味的死学，成为“书呆子”，要不断地打开视野，增长见识。

——王佳

学生的积极参与，让他们得到了满满的收获，在过程中，我发现学生认真对待的态度比我想象的好，他们的感悟更让我感动。

生涯规划是一个香槟塔，最上面一层是梦想和信念，然后是知识，是行动，最后是结果。通过这些活动，我们帮学生看到梦想和信念，当它们被注满时，知识、行动、结果自然就会丰溢起来。

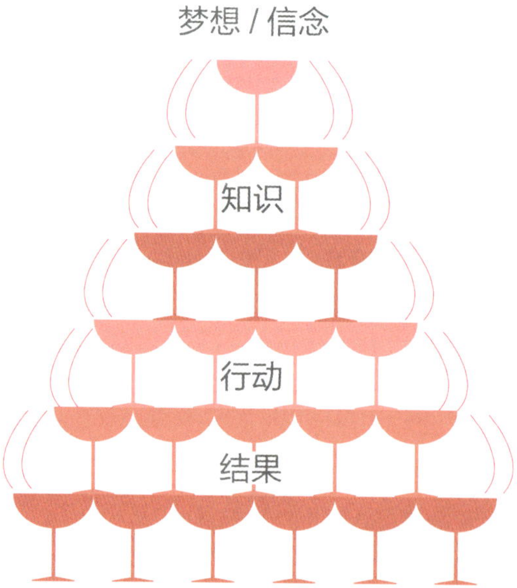

后记

POSTSCRIPT

我在陈经纶中学从事心理工作已有 10 余年。这些年来，常有班主任、学生跟我讨论如何贴近学生的心理特点开展班会，如何在班级开展丰富多彩的活动。这让我感到，陈经纶中学师生认可心理工作，并勇于参与实践。于是，我想能否有这样一本书，针对高中生不同的心理困惑，提供切实可行的活动方案，并且尽量让班主任、学生一看就懂，立刻就能操作。这就是编写本书的初衷。

通过和学校领导的沟通，学校成立了本书的编委会，总领本书的编著工作，至此本书才走上正轨。

从这个想法的诞生，到不断探索实践，至今编纂成册，少不了一路上领导、同事、同学的帮助。没有他们，也就没有此书的出版，在此特向各位真诚道谢。

感谢陈经纶中学的各位领导。张德庆校长、张静书记提供了无限学习和发展的机会，并多次审阅全书给予指导，帮助提升；牟成梅校长、于永强书记在工作中出谋划策，并积极鼓励形成文字，促成了本书的形成。

感谢张晔、王小平等年级主任、班主任、老师，在教育教学中，发现学生成长的需求、协调时间，为心理活动提供了实践的空间。

感谢学生发展处的各位同事，关注学生心理，持续不断的给予信任和支持。

感谢陈经纶中学的同学们，积极地提供班会、活动的照片和社会实践的文稿，为书籍提供了珍贵的过程性材料；作为志愿者时，他们以极大的热情投入活动，确保了活动的有序开展。

心理健康教育是一项潜移默化的工程，希望这些具有针对性的、可操作性的材料，能将专业性强的心理健康教育知识在日常校园生活中付诸实践，促进学生健康成长。也希望本书能为学校心理教育、青少年心理素质辅导工作提供参考，为社会培养出更多心理健康、人格健全、具有高素质的人才尽绵薄之力。

十年树木，百年树人。谨以此书见证陈经纶中学在心理教育中的探索和发展，以及陈经纶中学全体师生的智慧与汗水。我将饱含对学生的热爱，对心理工作的热情，在探索的路上继续不懈前进。

闵 敏

2017.6